OHSAMA BUNKO

好かれる人のちょっとした気の使い方

山崎武也

三笠書房

はじめに――相手の気持ちをちょっと推し測るだけでいい

悲しいよりは楽しいほうがよい。

怒るよりは喜ぶほうがよい。

これは、人間の自然な感情である。

周囲の人たちと仲良くして、毎日を楽しく過ごしていくことができれば、ストレスとは無縁の「地上の楽園」だ。

社会のメカニズムやさまざまな人間関係が、複雑にからまりあっている現在の世の中においては、人間の自然に反するさまざまな「悪」が存在していて、楽園をつくり上げる障害になっている。

「便利」という名の下に、人々の生活の中に入り込んできた文明の利器は、人間をこまねずみのように走りまわらせる結果になっている。

その中で、少しでも楽しく自然に生きていくためには、自分のできる範囲内で、人々の心の中にある「人間性」に、焦点を合わせていく以外に方法がない。

これは、一見したところ、消極的かつ自衛的な手段に見えるかもしれない。しかし、この人間の原点に帰ってみなくては、人間社会のこれからの正しい道は見えてこない。

人は「群れて」生きていく。その群れの中で、人が悲しんでいれば自分も悲しく、人が楽しんでいれば自分も楽しくなる。人間の感情は相互的なものであるから、次々と連鎖反応を起こしていく。

したがって、自分が楽しい思いをしようと思ったら、人が楽しいと思う状況をつくればよい。

人を喜ばせて楽しい思いをさせるのは、それほど難しくはない。**相手の人に関心を持ち、相手の気持ちをちょっと推し測る**だけでよい。自分が人にしてもらえばうれしいと思っていることを、相手に対してすればよいのだ。

その場合、「相手の喜ぶ顔が見たい」という自分の欲を、満足させるにとどめる分別が必要である。それ以上の自分の欲を出してはいけない。

たとえば、相手を喜ばせることによって、「相手が自分に何か利になることをしてくれるかもしれない」という期待を抱くのは、行きすぎである。

これは「へつらい」や「追従《ついしょう》」であり、動機が不純であるから、自分の気持ちにもストレスがかかってくる。それでは、自分も楽しさを満喫《まんきつ》することはできない。

また、人に喜んでもらおうと思っても、「滅私奉公《めっしほうこう》」的であってはならない。自分を捨ててまで無理をしたのでは、何かをしてもらった相手も負担を感じるし、自分も長続きしない。

自分が人にしてあげることのできる余裕があるときに、ちょっとの努力で自分ができることを、励行《れいこう》していくのである。

喜ぶ顔が見たいといっても、刹那《せつな》主義にならないように気をつける必要がある。その瞬間に相手が喜んでも、その人の将来にとってよくない結果になることは避ける。祖父母が孫を喜ばせようとしてすることは、ときには、孫の将来にとってマイナスになる。それと同様に、単なる甘やかしは無責任である。親が子に対してするように、将来も視野に入れて喜ばせる姿勢が必要である。

ビジネスの場や広く人生の場を、明るく楽しいものにできるかどうかは、自分が、そうしようとする心構えを持っているかどうかにかかっている。

対外的なビジネスの場であれ、職場であれ、また恋人や友人たちとの個人的なつきあいの場であれ、**さわやかに人を喜ばせることを実行**してみる。その場が和《なご》やかな雰囲気になるだけでなく、そこから実りある豊かな人間関係が育ってくる。

豊かな人間関係という、大きなプラスの「流れ」も、小さな配慮という「一滴」からである。面倒くさがらないで、常に努力を続けていくことが肝要だ。

山﨑　武也

もくじ

1章

相手に「好印象」を与える秘訣
……こんな「ちょっとしたこと」で得をする

2章

心温まる「気くばり」のコツ
……不思議と親しみが湧いてくる言葉の選び方

3章

「好感度」をあげるヒント
……「ここぞ」という時、気のきいた一言が言える人

4章

いい「人間関係」のつくり方

……互いが「主役」になれる、ちょっとしたコツ

5章

男が思わず喜ぶこと、女が思わず喜ぶこと

……この「とっておきのフレーズ」で絆が深まる

6章

グッと親しくなれる「心のつかみ方」
……だから、あの人といると楽しくなる

1章

相手に「好印象」を与える秘訣

……こんな「ちょっとしたこと」で得をする

1

もらったら喜ぶ――「贈りがいのある人」と思われるコツ

人にものをあげたとき、うれしそうに感謝されると安心する。相手が喜ぶと思って、つくったり選んだりしたのであるから、その目的達成を目の前で確認し、満足する。

しかし、あとから一抹《いちまつ》の不安を感じる。本当に喜んで食べただろうか、使っているだろうか、ということがわからないからである。

しかし、わざわざ相手に対して、「おいしかったか」とか「便利に使っているか」などと、しつこく聞くわけにはいかない。

ましてや、「おいしかったでしょう」とか「便利でしょう」とは言えない。

この「たった一言」で相手は安心して喜ぶ

ものを贈った側のそのような心理状態を考えると、もらった側としては、どのように消費したか、どのように使用しているかを、相手に伝えるのが親切だ。

もちろん、非常に貴重なものや特別に気に入ったものでないかぎりは、わざわざあとから礼状を書く必要はない。会って話をする機会があるときでよい。

一言でよい。

「おいしくて子供も喜んで食べた」とか「とても重宝している」とか、その状況を簡単に説明したうえで、再度感謝の気持ちを伝える。実際に喜んでくれたことを確認できるので、贈った側も喜ぶ。

もらったすぐあとに会う機会があったにもかかわらず、そのとき、もらったものについて何も言わなかったら、贈った側としては、気に入らなかったのではないか、と、おおいに心配する。

「気に入っています」のほのめかし方

また、会う機会のある人から身につけるものをもらったときは、使っているところを見せる。たとえば、ネクタイやスカーフをもらった場合であれば簡単だ。もらったネクタイ（スカーフ）を中心にして、それにマッチする洋服を選んで身なりを整える。

相手はすぐにわかるはずであるが、「これを気に入っている」と言って、頻繁《ひんぱん》に使っていることをほのめかす。

贈ったものが使われているのを自分の目で確認すれば、相手も喜ぶ。

また、こんなに喜んでくれるのであれば、また何かを贈って喜ばせようとも思う。**「贈りがいのある人」と思われる**のである。

家の中で使うものであれば、その人が訪問してくる機会のあるとき、必ず使ってみせるように気を使う。それだけ話の種が多くなり、会話も盛り上がる。

たとえ、その品物がおおぜいの人に買ってきたみやげのひとつであったとしても、買った人は一所懸命考えて選択をし、面倒な思いをして持ち帰っている。

それだけの「思い入れ」があるので、それに対する感謝の気持ちは表明しなくてはならない。

ものをもらったら、上手に喜んでみせるのも、重要な処世術のひとつである。

2 「割り勘」と「おごり」でここまで違う

地方に住んでいる女性が、ある会合のために上京してきた。

その機会を利用して、久しぶりに学生時代の親友と会い、昼食を共にした。東京のファッショナブルな街の一角にあるレストランはしゃれた雰囲気で、料理もおいしかった。

店は東京にいる友人が選んでくれたのだが、雑誌などでも紹介されていた店で、行きたいと思っていた店のひとつであった。

久しぶりに会った仲良しの女性同士の会話は、延々と続いてとどまるところを知らない。ランチタイムをはるかに過ぎて、非常に丁重にではあるが、追い出されるかたちで店を出た。

女性の親友同士は割り勘が原則であるが、東京在住の友人が、「東京は私の縄張りだから」と言い張って、勘定を払った。

「貸し」と「借り」のつきあい術

再会を約束して帰っていった田舎の友人から、数日後、いわゆる「クール宅急便」で、小さな包みが届いた。

開けてみると、わらびとうどの芽が入っている。

田舎のにおいをかいで喜びながらも、わらびのあく抜きはどうしようかと考えていると、今度は速達が届いた。中に手紙と木炭が入っている。

その手紙には、一緒の食事が楽しかったことを感謝したあとで、「裏山でとったわらびと庭にできたうどの新芽を送った」と書かれていた。それに、木炭であく抜きをする方法まで簡単に説明してくれていた。

その家の夕食の食卓に、田舎の色とにおいと味が「色」を添えたことは、言うまでもない。

当然のことながら、夕食後の電話の内容は、家族で田舎の味を楽しんだという報告と、再会の約束である。まさに、旧交が温められ、お互いの心の中に、満たされた感慨が続いていく。


もし、東京で昼食をとったとき割り勘にしていたら、田舎から包みが送られてきたりする、中身の濃い交流はなかったかもしれない。割り勘は、確かに合理的な面がある。その場で精算がなされて、お互いに貸し借りがないので、人間関係も割り切って考えられる。

しかし、まさにその点が、割り勘の短所でもある。貸し借りがないので、心の中にも何も引っかかるものがない。さっさと別れてそれきりになっても、何の差し支《つか》えもない。

人と人とを結ぶ心理的な「糸」が切れてしまっている。

金銭であれ、心づくしであれ、人に「借り」があるという意識があれば、何か自分にできることはないかと考える。

喜ぶ顔が見たいと思う。

3 贈り物——「特別な思い」の託し方

家族や親しい人間関係の間で、記念すべきさまざまなとき、特別な思いがあるときに、プレゼントのやりとりをする。

気の合った者同士の場合は、プレゼントをするタイミングがよいので、もらう側もごく自然に受け取る。非常にスムーズで、啐啄《そったく》、すなわち、ひよこが生まれるとき、卵の殻の内から鳴く声と同時に母鶏が外から殻を噛むように、気持ちが一致したかたちで行なわれる。

はじめてプレゼントをするときは、よく知っている人に対する場合でも、そのときの背景や状況をよく考え、慎重にしなくてはならない。特に、異性へのプレゼントは、相手が受け取ってくれるかどうか、よく考えたうえにする。

相手が「受け取るのに負担を感じない」ものを

人からものをもらったとき、必ずしも手放しでは喜べない。もらうと、何か「反対給付」を要求されているような気になるからだ。**はじめてプレゼントをするときは、相手があまり負担を感じないようなものにする**必要がある。

珍しいものや話題になっているもので、それほど高価でないものであれば、相手も受け取るのに抵抗がない。

もらってから、「誰々からもらった」とか「彼女が買ってきてくれた」と、屈託《くったく》なく言えるようなもの、というのが、判断基準のひとつになるだろう。

どこか旅行に行ったときは、よいチャンスだ。みやげとして買っていけば、それほど不自然ではない。

はじめてのプレゼントであるから、あまり特殊なものではなく、海外旅行であれば、スカーフやネクタイなどの、一般的なものがよい。

しかし、平凡さにちょっと特徴を出して、相手の心に強い印象を与えたいと思ったら、**まったく同じものを二組プレゼントする**のである。

もらった相手は、なぜかといぶかる。そして、同じものを二つもらったという事実を、忘れることはない。強く心に残るはずである。

ちょっと変わったことをすれば、キザに感じられるかもしれないが、キザとスマートは紙一重である。

相手が好感を抱けば、同じことをしても「スマートなこと」になる。反対に、「キザな奴だ」と思われたとしても、少なくともそれだけ印象には残っているので、ほかの人よりは「特別な人」になっているはずである。

4 手みやげひとつで「豊かな気分」をつくり出す

大相撲に招待されて見にいくことがあるが、実に楽しい。テレビで見るのとはまったく異なり、迫力がある。土俵上の両力士の心理的な戦いに始まり、実際の取組における力の駆け引き、その結果としての勝負に至るまで、あっと言う間であるが、非常におもしろい。

また、観戦しながらの飲み食いも、楽しさを倍増させる。桝席《ますせき》はそれほど広くないので、四人では窮屈《きゅうくつ》だ。正座にせよあぐらにせよ、座り慣れていない人には、かなりの苦痛である。

それでも、酒好きの場合は、ビールや酒を飲みながら焼き鳥でも食べていれば、足の痛いのも忘れてしまう。

料理も盛りだくさんで、いろいろな種類のつまみに弁当、それにデザートまでついている。中入り後の幕内力士の取組から観戦する場合は、焼き鳥とつまみの少しぐらいしか食べる時間がないので、ショッピングバッグいっぱいの料理のほとんどは、手つかずでみやげとして持ち帰ることになる。

「何が入っているのだろう」という高揚感

打ち出しになって帰るときは、さらに大きなショッピングバッグいっぱいのみやげをもらう。その中には、相撲に関係のあるデザインを配した陶器や、せんべいやまんじゅうなどの日本的な菓子が幾種類も詰めてある。両手に大きな紙袋を提《さ》げて、一杯機嫌で家路につくのは、身も心も満たされた感じである。

国技館から人が出てくるのを見ていた子供が、母親に、「国技館ではバーゲンセールをしているのか」と聞いたという。

おおぜいの人が、両手に同じようなショッピングバッグを持って、満足そうな顔をして出てくるからである。自分のそれまでの経験に基づいた子供の観察力は、鋭くておもしろい。

盛りだくさんのみやげをもらった家族も大喜びだ。**「いろいろなものが数多くある」**というのが楽しい。何が入っているのだろうと想像しながら、期待に胸を弾ませて、紙包みをひとつずつ開いていくので、家の中に豊かな気分が満ちていく。

金額的に考えれば、高価なものではないが、とにかく**「物量」に圧倒される感**がある。

「盛りだくさん」という幸福感

昔の田舎における結婚披露宴の引き出物の場合も、同じように種類も多く盛りだくさんで、両手にいっぱい持ち帰るのが常であった。

たとえば、親しい友人や親戚を訪問するとき、たまにはこの点を見習ってみたらどうだろうか。

手みやげを、種類も多く盛りだくさんに持っていくのだ。先方の家族の一人ひとりに対して、必要なもの、ないしは喜ぶものを選ぶ。

たとえば、ご主人には日本酒とビール、奥さんにはケーキとクッキー、小学生の男の子には本と筆記用具、小さな女の子には人形とスカーフ、というように、それぞれに複数の品を考える。

多少は持ち運びにわずらわしい思いもするが、もともと手みやげのありがたさは、わざわざ遠いところから重いものを運んでくる点にある。

盛りだくさんは、さらにそれを楽しくする。

5

相手の話を「フォローアップ」できる人

昔の話をよく覚えている友人がいる。

「あのとき君はこう言った」と言うのであるが、かなり以前のことであるにもかかわらず、そのときの状況や前後の事情まで覚えている。

ときには、あのときは外国で買って帰ったばかりの靴をはいていた、などと「小道具」までも覚えている。

彼のよいところは、ただ人の話を覚えているだけではなく、それに対応して何か自分にできることがあったらする、という点である。

フォローアップがよいのだ。たとえば、「君が欲しいと言っていた本があったよ」と教えてくれたり、「この間話していた仕事については、この雑誌の記事が参考になるのではないか」と情報を提供してくれたりする。

また、「話に出ていたレストランに行ってきた」と言って、その店の概要について説明してくれる。

人が話していた話題に基づいて、情報を収集し、それを皆と共有しようとする姿勢である。共通の話題が基礎にあれば、その次に会ったときにも、話に弾みがつくはずだ。

彼にとっては、友人に関することも他人事ではなく、自分のことなのである。

ここまで気が回るから、信頼も絶大に

彼のおかげで、助かったことがある。

一緒に一泊のゴルフ旅行に行ったときのことである。早朝、部屋でテレビのニュースを見ていた彼から、電話がかかってきて起こされた。「確か君の出身の町だと

思うが、ひどい水害に見舞われているらしい」と言うのだ。

半信半疑で飛び起きて、テレビをつけて見ると、まぎれもなく私の両親の住んでいる市が洪水だ。

父は全身不随の寝たきりで、その父を年老いた母がひとりで看病していたときである。驚いて母に電話をした。起きてみたら辺《あた》り一面が水になっていて、家の中の水面もすでに床の高さまである、と言う。

早速、近所の人たちに電話をして救援を頼んだ。皆も突然の出水で気が動転していたらしく、私の家のことまでは手が回っていなかったようだ。結局、近所の人たちが隣家の二階へ父を運んでくれて、事なきを得た。


私が洪水の事実を教えてもらって、すぐに電話をしなかったら、父母の運命はどうなっていたかわからない。島根県の片田舎の名前を覚えていてくれたからこそ、また、積極的に即座に教えてくれたからこそ、私の両親は救われたのだと言ってよい。

6 人を「サカナ」にするとき、絶対知っておきたいルール

親しい仲間が集まったとき、ちょっとしたからかいの対象になるのは、いつも決まった人だ。その人の変わった行動様式や習慣、何回話してもおもしろい失敗談が話題になる。

それに対して、さらに誰かがコメントをつけ加えることによって、笑いの渦《うず》が巻き起こらないと、その場は収まらない。

話自体は深刻なものではなく、笑い飛ばしたら、それで終わりになる内容のものである。したがって、当の本人も、何の屈託もない様子で一緒に笑っている。

このような状況は、同じ仲間の中であるかぎりは、まったく問題にはならない。ほかにおもしろい話題がないときに持ち出せば、**格好のサカナ**になって、座が盛り上がる。

ところが、そのグループにひとりでも新しい人が加わった場では、気をつけなくてはいけない。同じような調子で、いつもの人をサカナにしようとすれば、問題が起こる。

その人が激怒することもありうる。少なくとも、不快感を感じる。

一座の面々が違えば、話題も変えていく

よく知っている者だけで集まっているときは、お互いにつきあいを積み重ねてきた歴史がある。それぞれの長所も短所も知り抜いたうえで、笑いの種にしているのだ。サカナにされている本人にしても、平然と笑い飛ばすことができる。

しかし、はじめて会う人がそこに入ってくると、そのような背景は一変する。ひ

とりの観客、知らない人がいれば、それまでの「内覧会」が「一般公開」になる。それまでの筋書きを知らない人は、「笑い話の舞台」だけを見て、その主人公を評価する可能性が高い。

最初の印象が皆の「笑いの種」であっては、人格を傷つけられた気持ちにもなる。内輪の場なら、笑いものになる役割も引き受けたが、一般公開であれば嫌だと考えるのも自然である。

仲間のサカナになるのはよいが、知らない人のサカナにはなりたくない、という心理状態をよく理解しておかなくてはならない。

また、自分が「新しく仲間に入った人」になったとしても、誰かが笑いの対象にされたとき、単純に笑っていてはいけない。

「そんなことはないでしょう」などと言って、昔からの仲間の人たちにくみしないようにする。自分が新入りであることを意識して、控え目の言動に徹する。新たに仲間に入れてもらったと思っても、はじめのころは「試用期間」だと考えていたほうがよい。

いずれにしても、それまでサカナにされた本人自身が笑い飛ばしていたことでも、その環境や背景が異なった場面では、新たに本人の了解を得る必要がある。

7 面と向かって「憎まれ口」、陰では「ほめ言葉」

親しい友人同士は、お互いに相手の弱点を酒のサカナにしたり、過去の失敗を笑いの種にしたりして、楽しんでいる。顔を合わせれば、常に憎まれ口をたたいている。

それは、お互いに気心の知れている親友であるという基盤があって、信頼し合っているからである。ほかの人に言われたら腹が立つようなことも、親友が言ったのなら笑い飛ばすことができる。

しかし、憎まれ口をたたき合って楽しんでいると言っても、その瞬間に楽しんでいるのは憎まれ口をたたいているほうで、言われている側としては、必ずしも楽しんではいないことがある。

愉快な過去の失敗であれば、本人も思い出しておかしいと思う。しかし、自分にとっての苦々しい失敗や、あまり話題にしてもらいたくない弱点もある。親友の手前、怒ってみても大人気《おとなげ》ないし、不愉快な顔をしても、その場の雰囲気がギスギスしてしまう。仕方なく調子を合わせているだけかもしれない。

友人をほめると、自分の格も上がる

いくら親友でも、けなされるよりも、ほめられるほうがよいに決まっている。ときには本人を目の前において、ほめてみる必要もある。悪い気はしないはずだ。

また、本人がいないところで話をするときにも、ほめることである。

自分の友人をほめれば、自分の格も上がる。よい友人を持っていることは、自分もよい人であるという証明にもなるからだ。

「自分の親友には、こんな立派な人がいる」と、自慢するくらいがよい。「立派」

といっても、社会的地位や肩書きを言うのではなく、その親友の能力や人柄について説明したり、長所を示すようなエピソードを話す。

話が具体的であればあるほど、聞かされた人の頭の中には、鮮明なイメージが残る。

友人との「結びつきの深さ」をしみじみ感じる瞬間

親友をほめていることは、必ずどこかで相手にも伝わるものだ。

「○○さんからよく話を聞きますが、あなたのことをほめていましたよ」と言われた親友は、心密《ひそ》かに喜ぶ。

面と向かっては憎まれ口ばかりたたいていた友人が、陰で人に話すときにはほめていたことを知って、うれしく思う。**自分を高く買ってくれていたことを知り、友人を見直す**のである。

一緒にいるときは悪く言い、陰ではよく言っているというコントラストのため、よく言っているという事実が際立つ。

本人の前では悪者風に振舞《ふるま》うという「偽悪的」な態度に、友人との結びつきの深さをしみじみと感じるだろう。自分には強力な味方がいるということがわかり、気持ちが明るくなる。

2章

心温まる「気くばり」のコツ

……不思議と親しみが湧いてくる言葉の選び方

8

「心の壁」を取り除くのに最適な話題

誰でも、人にはよく思われたい。自分の最もよいところを見てほしいと思う。できれば、実際の自分以上の自分を演出したいと思うので、あれこれと努力する。したがって、張りつめたかたちで、自分を押し出そうとする結果になる。

しかし、そのような緊張があったのでは、自分のまわりに防波堤を築いたようなものだ。

自分の感情も、コントロールされたものしか発信されず、相手も自分の感情を送り込もうとしても、防波堤があるので入り口が見つからない。感情の自由な交信が行なわれるチャンネルがないのである。

初対面の場においては、儀礼的な言葉のやりとりに終始してしまう。一回目の対面の場としての、それなりの意味はあるが、状況によっては、二回目の対面へと発展していく可能性はなくなってしまうかもしれない。

一回かぎりの出会いになるかもしれない場合は、それだけに楽しいものにするべく、心の交流の妨《さまた》げとなる障壁を取り払ったほうがよい。また、将来にも会う機会が予想されている場合は、仲良くなるスピードを速くするために、遠慮する気持ちは早く取り除いたほうがよい。

自分をさらけ出す、ちょっとした勇気

いずれにしても、お互いに未知であるがゆえに、**自分のまわりに張りめぐらせている壁を崩す必要**がある。自分側の壁を崩さないでいて、相手の壁を崩してくださいと言うのは、無理な注文であると同時に礼儀にも反する。まず、自分の壁を取り払ったところを、相手に見せる必要がある。

すなわち、**自分をさらけ出して見せる**のである。

その最も効果的な方法のひとつは、**「自分が失敗した話をすること」**だ。

「自分が成功した話」は人に話したいと思っても、失敗した話は隠したいと思うのが人情だ。しかし、まったく失敗したことのない人はいない。

心と心が通じる「チャンネル」を開通させる

世の中で成功者と言われている人も、数多くの失敗を重ねている。その失敗を謙虚に反省し、失敗を恐れないで進んできたので、成功したのである。

どんな人でも、成功と同じ数だけの失敗を重ねている。失敗については早く忘れようと努力し、成功の「甘き香り」にはできるだけ長く包まれていたいと思う。したがって、失敗は隠す結果になってしまう。

失敗や間違いは誰でもすることであるから、恥ずかしいことではない。人に言えば笑われるような失敗は誰にでもある。そのような失敗談をおもしろおかしくすれば、その人間性に対して、人は間違いなく親しみを感じる。自分と同じ人間であることを発見して、安心するのだ。

自分をさらけ出し、障壁がないことを示せば、相手は、入っていく道がついたと感じる。

心と心が直接通じるチャンネルが開通したのである。相手も城壁を構えている必要がなくなる。

9 必ずスムーズに話し出せる話題とは

はじめての人に会うときは緊張する。どのような人かわからない。

しかし、友人の友人を紹介されるときは、緊張度は低くてすむ。突然紹介された場合でも、友人が知っている人であるから、少なくとも悪い人ではない、自分が仲良くやっていける人である、という安心感がある。お互いに打ち解けるのも早い。

しかし、そのような安心感があるだけに、調子に乗る可能性があるので、手綱《たづな》を締めていく必要がある。

それまでに話に聞いていた相手であれば、そのように言って、会えてうれしいことを表明する。

しかし、相手に対する焦点も、まずは友人に当ててからにする。

あくまでも友人を通じて話をする、という姿勢を崩さないのだ。

友人の友人に対し、一気に直接ぶつかっていく勢いを示すと、相手は辟易《へきえき》する。自分の家に、土足で急に踏み込まれた感じを受けるかもしれない。親しみを感じるあまり、あけすけになって「無遠慮な人」「不作法な人」という印象を与える結果になる。

また、間に入った友人としても、すぐに自分を通り越してあけすけな話をされたのでは、自分がないがしろにされた気分になる。

したがって、くどくならない程度に、一つひとつ友人の承諾を得ながら話をする、という姿勢に徹したほうがよい。

ここに焦点を当てれば「和やかな会話」が続く

話題にしても、友人の美点に焦点を当てていけば、和やかな会話が続いていく。友人を信頼している点も相手によく通じるので、信頼感も徐々に高まっていく。自分自身を前面に押し出そうとしないで、友人を通して間接的なかたちで話を進めていくのである。

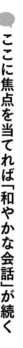

いわば、間に入っている友人を、自分の代理人であると同時に、相手の代理人でもあると考える。友人は両方をよく知っているので、お互いのバランスを取りながら、会話の進行を図ることができる。

人と仲良くなるときの秘訣は、一般的には「徐々に」である。

親密な関係を築き上げるには、まず、その土台固めをきちんとする。友人と自分との関係、および友人とその友人との関係は強固なものであっても、友人の友人と自分との関係はゼロに等しい。

友人が橋渡しはしてくれるものの、新たな土台は本人同士で築き上げなくてはならない。

友人が間にいるからといって、新しい関係が簡単に構築できるとはかぎらない。自分自身が地道な努力をしないでいたのでは、単なる砂上の楼閣《ろうかく》に終わってしまう。

10 「もっと親しくなりたい」気持ちを伝えるテクニック

適齢期をはるかに過ぎても、結婚しようとしない男性がいた。女友だちも多く、派手に遊びまわっていた。「なぜ結婚しないのか」という質問に対しては、「女友だちの皆に公平にしなくてはならない」とうそぶく。

確かに、知っている、ないしはつきあっている女性全員に対して、公平に振舞おうと思っていたら、特定の女性に焦点を合わせることはできない。また、公平につきあっていたら、深いつきあいにはならないし、したがって、結婚にまで発展していくことはない。

八方美人につきあっていたのでは、親しい友人はできない。誰からも悪く思われないようにという気持ちには、積極性の要素が少ない。常に四方八方に目を配っているので、どうしても防御的な神経の使い方になる。

「八方美人」より「差別待遇」を

皆からよく思われたいと思うのは本能であるが、実際には不可能である、と悟るべきである。

人がよいとか悪いとかと言うとき、それは多くの場合、程度の問題である。誰かがよいと思っているとき、ほかの人は「それほどはよくない」と思っている。それほどはよくない、すなわち「ある程度は悪い」と思っているのである。

したがって、皆に好かれようと思って神経をすり減らし、自分のエネルギーを分散させるのではなく、好きだと思う人に集中するほうがよい。

五、六人以上の、プライベートで非公式な集まりであれば、皆と仲良くなろうと無理をしない。波長の合う人たちと仲良くなることだけに努力したほうがよい。

ほかの人たちに嫌われてもよいと覚悟する。特別な仲良し組ができれば、結束は固い。

公式な場や公共の場においては、協力すべきグループの中に派閥ができるのは、好ましくない。しかし、個人的な場においては、派閥ができるのが自然であり、排除するべき理由はない。

特別な仲良しグループは、当然のことながら排他的になる。グループ内のつながりを強化するため、外の人たちとの差別化を図る。

仲良くなろうとするときは、「あなただけ」という気持ちを伝える必要がある。

しかしながら、言葉で「あなただけ」と言ったのでは、何の意味もない。

たとえば、酒を飲む会であれば、意中の人に集中的に酒を注《そそ》いだりして**「差別待遇」**をするのだ。

下手な宣伝コピーと同じで、「あなただけのために」と言って、多くの人たちにメッセージを発していれば、すぐに皆にうそが露見する。

11

肩の力を抜いてつきあうための〝第一歩〟

長距離の電車や飛行機に乗るときは、おぼろげにであるが、隣に座る人はどのような人だろうか、よい人であればよいが、などと誰でも思っている。

仕事上の旅行では、読んでおかなくてはならない書類があったり、考えておかなくてはならないことがあったりして、ずっとひとりでいたいときもある。

しかし、普通は、楽しく話し合える人がいたら、旅の楽しみは倍増する。

「旅は道連れ世は情け」である。

道連れになる人がいたほうがよいのだが、悪い道連れであったら逆効果でしかない。

したがって、隣に座る人がよい人であるかどうかが、重大な関心事になる。同僚、友人や家族など、はじめから一緒に行く人がいないときは、誰が隣に座るかについてはまったくわからない。よい人かどうか、運次第である。

しかし、**隣に座った人を、よい相客《あいきゃく》にするかどうかは、自分の腕次第**である。こちらの働きかけ方によって、その相手はよい人にもなれば嫌な人にもなる。

「節度を保ちつつ、リラックス」がポイント

まず、隣に座った人に関して、その風采《ふうさい》だけで判断して、勝手にひとり決めをしてはいけない。一切の先入観を排して、丁重にあいさつをする。

「うさんくさい人だ」とか「嫌なタイプの人だ」などと思っても、決して相手を見下した態度で接してはならない。

「嫌な人だ」と感じたままでいると、そのムードはそのまま相手に伝わる。たとえ風采の上がらない人だ、と思っても、「お忍びの身分ある人」ぐらいに考えて、接

していってみる。

これから、長時間一緒にいなくてはならない相手であれば、同じ運命共同体の核の中にいる人である。敵対関係にあるよりも、友好関係を築いておいたほうが得策だ。そのつもりで、慎重に近づいていく。


あいさつをしてから、徐々にさしさわりのない話題を持ち出してみる。天候や乗り物の込み具合である。それに対して、相手が乗り気でなかったり迷惑そうであったら、深追いはしない。疲れ切っているのかもしれないし、悩みを抱え込んでいるのかもしれない。

話が弾んできても、調子に乗ってはいけない。どこまでも節度を守っていく必要がある。相手に調子を合わせ、相手が最もリラックスした状態になるようにする。そうならなかったら、自分も時間の推移を楽しむことはできない。

12

「着席してすぐ」が話しかける絶好のタイミング

結婚披露宴などの祝宴で、着席スタイルのときは、テーブルに何人かが座る。主催者側も、席次や組み合わせなどのさまざまな要素を考慮したうえで、それぞれの席を決めている。

一見したところでは、まったく無作為に見える席の決め方の場合でも、何かの要素、ないしはルールに従っている。それなりに苦慮した結果である。

会場係に案内されて、自分の名札が置いてある席に着く。すでに同じテーブルの席に着いている人がいるときは、軽く会釈《えしやく》をし、「失礼します」と言ってから座る。

先に来ている人に対しては、あとから来た人があいさつをするのが礼儀だ。すでに座っている人を一顧《いっこ》だにしないで無視した態度は、傲慢《ごうまん》な印象を与える。必ず、何らかの働きかけをする必要がある。

あいさつをされた側は、同じような会釈を返したり、「どうぞ」と言ったりする。会釈というのは便利なものだ。知らない人に対しても、自然で押しつけがましいところがない。会釈をすれば、相手を同じ人間として認め、お互いに仲良くやっていきましょう、というメッセージが伝わる。

「打ち解けた和やかなムード」のつくり方

自分の席に着いたら、早速、自己紹介をする。「早速」というのがポイントである。話しかけようかどうしようかと考えていると、時間ばかりが経《た》っていく。「そのうちに」とか「タイミングのよいときを見計らって」などと思うと、なかなかうまくいかない。話しかけようとすると、ほかの人が話しはじめたり、進行係の話が始まったりと、何かと邪魔が入る。

席に着いたときがチャンスである。同じテーブルの人たち、特に、隣に座っている人は、自分に注目している。そこで、**間髪《かんはつ》を入れず名前を言って、「よろしくお願いします」と頭を下げる。**

次に、**なぜ自分がこの席に招かれているかを、簡単に説明**するのだ。祝宴の主人公と自分との関係を言えばよい。その点は皆のいちばんの関心事であるから、間違いなくきちんと耳を傾けてくれる。

ほかの人たちも、自分たちについても、同じように話してくれる。そうなると、お互いの素性がわかるので、警戒心もなくなる。打ち解けたムードになるので、それからの会話は楽しいものになる

話しかける機会を失ってしまうと、話すのが億劫《おっくう》になり、最後まで交流のないままに終わる可能性も高い。それでは、せっかくの会も孤独をかこったままで終わってしまう。

また、酒が入って少し気が大きくなってから話しかけたのでは、相手は唐突に感じる。酒の勢いでしか話ができない人だと評価されるだけである。

会を主催した人は、それなりに苦労して席を決めているので、口を開けば、ある程度は話が合うようになっているはずだ。進んで話しかけるべきである。

なくて途方に暮れている人がいれば、一緒になって探してあげる。自分にはちょっとの努力でできる小さなことを、率先してやるのだ。

自分が大きな犠牲を払わなくてはならないことや、多大な出費をしなくてはならないことなどは、する必要はない。そのようなことは何回もできないし、あとから損をした気になって悔やむ結果にもなりかねない。

当人にあまり負担のないことであっても、見も知らぬ人から好意や親切な行為の恩恵を受けた相手としては、非常に大きな喜びである。小さいことであるだけに、あまり期待していないはずであるから、それに対する喜びも大きくなる。

旅先では、「小さな親切」を心がけてみよう。知らない人が喜んでくれた顔は、自分の心の中のともしびとなって、心を明るく温かくしてくれるはずだ。心温まる思い出である。

それは、ちょっとした努力でできることであり、差し出がましくなくて、人の心に残る。

14 「今度、食事でも……」軽い口約束こそ、必ず実行

パーティーなどで初対面の人と話をしていて、共通の話題などがあったために、話が盛り上がることがある。意気投合して、「今度会って、一緒に食事でもしましょう」と言って別れる結果になる。

ところが、このような約束が果たされる確率は非常に低い。食事をしようと誘ったほうも、そう言ったときはそのつもりであるが、「守らなくてはいけない」というほどの強い義務感はない。

「そのうちに」と考えているうちに、いつとはなしに忘れてしまう。

誘われた側にしても、初対面の酒の席において言われたことであるから、それほ

ど期待はしない。

したがって、このような**社交辞令的な約束が実行されると、うれしい驚きを感じる。**思いがけないので、強いプラスの印象を与えられる。**「信用できる人」としてのイメージ**が植えつけられる。

「社交辞令」で終わらせないから信頼される

このような軽い口約束は、初対面の人との間だけとはかぎらない。友人同士でも、「そのうちに一緒に酒を飲もう」と言った以上は、機会をつくって一席設けるのが原則である。

いつも社交辞令的に言うだけで、まったく実行する気のない友人には、「そのうちに」とか「いつか」などと相手が言ったとき、即座に手帳を取り出して、「いつがいいか」などと聞いてみる。そうすると、かなり慌《あわ》てるから、見ていておもしろい。

そのように追いつめられても、自分が口癖《くちぐせ》で言っているだけであるという事実に、本人は気づかないようである。

食事をご馳走《ちそう》する場合であれ、本を送る場合であれ、自分は軽い気持ちで言ったとしても、**相手に何らかの「利」が考えられるときは、期待されている。**その期待を裏切れば、「いい加減な人」というレッテルを貼られるのは間違いない。

したがって、とにかく**言った以上は、必ず実行**しなくてはいけない。

然《しか》るべき理由に基づいて約束したときは、それを果たさなくても、何か事情があるのだろう、と人は思ってくれる。

しかし、軽い口約束を果たさないときは、口先だけの「軽い」人であると決めつけられてしまう。口は禍《わざわい》の門になるのだ。

3章

「好感度」をあげるヒント

……「ここぞ」という時、気のきいた一言が言える人

15 「なるほど」「そうですか」という一言の力

頭脳明晰《めいせき》で実行力があり、皆に一目置かれている人がいる。非常に真面目《まじめ》で、自分に与えられた仕事に対しては、全力投球をする。仕事のスピードも速く、その内容も申し分ない。次々と積極的にアイデアも出してくる。したがって、上司からの信頼度も高く、前途《ぜんと》を嘱望《しょくぼう》されている。

高慢なところはなく、礼儀正しく振舞っているので、同僚たちからも敬意を表されている。

しかし、人気という点については、ちょっと欠けるところがある。皆から何となく敬遠される傾向が見られる。能力があるだけに、何でも自分ひとりでなしとげようとする。人に相談したり、意見を聞いたりすることが、あまりない。正直すぎて、意図的に人を立てるようなことはしない。

たとえば、人が情報を提供してくれたときでも、それについて自分があらかじめ知っている場合は、「そうですよ」と言ったりする。

情報提供をしたほうは、軽くあしらわれた感じを受ける。上司としても、「かわいげがない」と感じるのだ。

「なぜか、かわいがられる人」はタイミング上手

一方で、平均的な仕事ぶりであるが、上司からかわいがられていて、同僚にも人気のある人がいる。

彼は、上司であれ同僚であれ、さらにはまた後輩であっても、人の言うことに耳を傾ける。そのうえで、**「なるほど」とか、「そうですか」と感心してみせる**のである。

自分がすでに知っていることであっても、決して知っているとは言わないし、そのような気配も見せない。

上司が気の利いたことを言ったり、立派な仕事を仕上げたりしたときは、「さすがですね」とか、「まだ私なんかには真似ができません」などと言う。

タイミングよく人を持ち上げるのが上手なのだ。

お世辞を言うのではなく、謙虚に構えている。相手の言ったことやなしとげたことに対して、率直に反応している。自分と比較したり、対抗意識を持ったりはしないのである。

上司としても、多少はおもはゆいと思うような言い方をされても、人から感謝されたら喜ぶ。自分のすることに関心を持っていてくれて、敬意を払ってくれている点がわかるので、印象に残る。

自分に向かって好感を抱いてくれている人に対しては、自分も好感を抱くのが人情である。「ういやつ」という感情になり、面倒を見てやろうという気になる。えこひいきはいけないが、「どちらを選択するか」という場面で、自分の気に入った者を引き立てようとするのは、自然な感情である。

16

「ごたくを並べられる」と人は興ざめする

レストランは、料理や飲み物がおいしくなくては話にならない。どんなに雰囲気がよくても、それは副次的な価値しかない。もちろん、価格が適正なものでなかったら、誰も二度と食べにいこうとは思わない。

また、食事をするのが主たる目的だと言っても、家族や友人と楽しく会話をするのも重要な要素である。店の人たちの対応がよかったら、「また食事に来たい」と思う。

最近の傾向らしいが、「ごたく」を並べる食事の店が多くなった。

メニューの説明に始まって、料理の説明、料理人の紹介、それに室内装飾の解説までする店がある。想像力を働かせて、メニューを見ていく楽しみを奪われた感じがする。

予想した料理とまったく同じものが出てくるのか、ちょっと変わったものが出てくるのかわからないところで、期待する心が弾む。それを詳細に説明されたのでは、夢がなくなる。

「自分に期待されていること」を読み違えない

料理が出てくるときも、材料や、つくり方の概略について説明したりする。材料もたいていは見ればわかる。よほど特殊なものであったら、食べながら皆で推測して楽しむ。

どうしてもわからなくて聞いたときだけ、説明してくれればよい。

料理人が誰であろうと、知人ならいざ知らず、料理には関係ない。おいしい料理を食べにきているのである。**料理人は、「顔」や「口」ではなく、「腕」で勝負して「味」をつくるのが役割**だ。

室内装飾も、有名な人がしたのであれ無名の人がしたのであれ、それなりの雰囲気があれば、十分に楽しむことができる。

会話をしながら食事を楽しむという基本的な目的にとっては、すべてが副次的なものである。また、料理や店内装飾の勉強に来ているのではないから、説明は、かえって楽しみを半減させる。

もちろん、ブランド志向的な興味で店に来る人たちもいるが、それに迎合するのは、長期的に見て得策ではないだろう。その人たちは、また別のブランドを求めて別の店に行ってしまうであろうから。

いずれにしても、食事の店における主役は、あくまでも客である。**客を客としてもり立てていくような応対**をしていかなくてはならない。

自分の口を慎《つつし》み、客の口を満足させることのみを考えるべきだ。

客に「何か足りないところはなかったでしょうか」と聞き、批判に対して率直に耳を傾ける。

たとえ客の非難が的はずれであっても、幾分かの真実があったり、何らかのヒントが潜《ひそ》んでいたりする。

17 誰にもある「もてはやされたい気持ち」を理解する

世の中の男は、ホステスのいるバーに行って喜んでいる。

「日本的なバーの典型」と言われる銀座のクラブの雰囲気は、一見したところ華やかである。シャンデリアが輝き、ムードのある部屋の中に、応接室風にソファーや椅子《いす》が配置されている。

入っていくと、丁重な歓迎の言葉とともに席に案内される。席に着くやいなや、ホステスたちが客を囲むかたちで座る。低いテーブルにアルコール類やつまみなどが置かれて、飲みはじめるが、かなり窮屈な思いをする。

椅子やテーブルが所狭しと置いてあるうえに、ぎゅうぎゅうづめに座るからだ。

ホステスたちは必ずしも美女ばかりではない。厚化粧の下を想像すれば、お世辞にもきれいと言えない女性も多い。

スタイルについても、それほどよいとは言えない。立ち居振舞いを見ても品がない人が多い。話をしてみても、聡明さを欠くと言わざるをえない点が多く、あまりおもしろくない。

誰しも「下にも置かぬ対応」をしてほしい

それにもかかわらず、ちょっと酒を飲んで酔いが回ってくると、楽しくなってくる。話もおもしろくなってきたような「気がする」。それは、会話のあちこちに、客をほめる言葉が入れられているからである。

ちょっと派手なネクタイをしていたら、必ず「おしゃれね」とほめられる。時計やカフリンクスを見れば、「珍しい時計」とか「変わったカフリンクス」などと言われて、話題にされる。

その話に乗って、「外国で買ってきた」と言ったりすれば、「常に外国に行けるのは羨《うらや》ましい」と言われて、羨望《せんぼう》のまなざしで見られる。

話をしはじめると、熱心に耳を傾け、上手に相づちを入れて客の調子に合わせる。

すなわち、ハレムの中で主人に**「かしずく」雰囲気を演出**しているのである。

普段からエラそうなことを言っている大先生や、真面目一徹で謹厳実直そのものの人も、そのような雰囲気の中で、鼻の下を長くして喜んでいるのである。

モテたという錯覚に陥って満足している、と言うよりも、満足しようと努力しているのである。

もちろん、アルコールも入らない普通の場では、逆に歯が浮くような感じを受ける。しかし、心の奥底では、そのように言われ扱われたい、という願望があるのは否定できない。女性の場合でも男性と同じである。

根本的な点では、バーのホステスやホストクラブのホストに見習うべきところは多い。

誰でも、下に置かぬ待遇を受け、もてはやされたいのである。

18

笑顔が人をひきつけるとき、嫌みになるとき

ファストフードの店に行くと、機械的な対応をされる。

元気がよくて明るい受け答えをされるので、気分は悪くはないが、どこか人間味が感じられない。いつも同じ型にはまった対応だからである。細かいところまで対応の仕方を定めたマニュアルに従って動いている結果だ。機械じかけの人形がサービスしているのと変わらない。

したがって、マニュアルに書かれていないことが起こったら、どうしてよいかわからなくなる。どうしたらよいか、と自分で考えようとはしない。教わっていないことはできないと考えて、動作を止めてしまうのである。

客も、店のシステムに従って行動することを要求される。自分の何らかの都合で、店の流れを止めたりする結果になれば、機械じかけの人形は動きを止めてしまう。臨機応変に対応するという「人間」の能力が発揮されることはない。

「人間どうしのふれあい」はマニュアルには書けない

サービスの均一化によって客に満足してもらうと同時に、作業の効率化を狙っている。均一化というのは、ある程度までグレードを上げていくことであるが、一定の水準に達すると、それ以上にグレードを上げようとはしない。すなわち、内部でグレードを上げようと思っても、水準まで下げようとする力が働く結果になる。

社会一般には、**個性の発揮に重点を置く傾向**が見られる一方、**平等という名目のもとで、均一化への流れ**も見られる。この相反する動作の中で、上手にバランスを取りながら進んでいくには、自分自身で考えて行動する必要がある。

マニュアルも重要であるが、それをマスターしたら、一度全部忘れて、客へのサービスという原点に立ってみる。そのような姿勢を取ってみると、一定水準以上のサービスが可能になってくる。

たとえば、あいさつを考えてみる。画一的な「いらっしゃいませ」の合唱や輪唱で迎えてもらっても、客は感動しない。「おはようございます」や「こんにちは」がつけ加わったとしても、それほどの感動はない。

客の顔を見て、それ以上の何かを言ってみる。「久しぶりの天気で気持ちがいいですね」とか「外は寒いでしょう」とか、多少は個性的なことを言ってみる。そのように話しかけられた客は、個人として対応してもらったことがわかる。

ファストフードの店だからといって、食事だけに焦点を合わせてはいけない。人が行くところ、どこでも無意識のうちに**人間同士のふれあい**を求めている。

客とのふれあいはマニュアルには書けない。それぞれの個性で対応する以外に術《すべ》はない。

19

「遠慮しすぎ」も逆効果になる

食事や酒の席に招待されたら、その席を十分に楽しむように心がける。相手は楽しんでもらおうと思って招いているのであるから、出席した以上、遠慮は禁物だ。遠慮しすぎると、義理でいやいや出席したと解釈されても仕方がない。

料理や酒がすでに用意されているときは、自分の好きなものを十分に堪能すればよい。遠慮したために残ったのでは捨てられるだけで、戦中戦後に育ち盛りを過ごした人たちにとっては、まさに断腸の思いである。

招待した側は、口に合わなかったのではないかと思って気に病《や》んだり、がっかりしたりする。

メニューを見て、それぞれの好きな料理を選ぶときも、遠慮しないで好きなものを選ぶ。この場合に重要なのは、**「自分が好きなもの」を選**ぶという点である。

食事に招待すると、その店で最も高価な料理をいつも注文する人がいた。「珍しいので食べてみよう」という理由ではなく、「とにかく高いものを食べてみよう」とする態度は、二、三度食事に誘ってみればわかる。

楽しんでもらおうと思ってはいるのであるが、常に高価なものばかりを注文されると、単に「だし」にされている感じを受けて、気分はよくない。

いちばん高価な料理でも、自分が好きなものであれば遠慮する必要はないのだが、**選択の理由が「価格」であって、「好きなもの」でない点が、人の神経にさわる**のである。

相手の「もてなしたい気持ち」に素直に乗ればいい

招待する人がすすめる料理によって、頭の中に描いている予算を知ることができる場合もある。そのときは、多少は控え目にして、その価格帯に沿った、自分の好きなものを選んでいけばよい。

招待する側は、客に喜んでもらおうと思っている。客が遠慮をしたために、いちばん好きな料理ではないものを選んだとする。すると、客の満足度は低いので、招待した側の成果が十分に上がったとは言えない。使った金が一〇〇パーセント生かされていない。半分しか役に立っていないかもしれない。

好きなものを好きなだけ、飲んだり食べたりして楽しんでくれたら、使った金は一〇〇パーセント生かされている。**中途半端な金を使ったのでは、中途半端な効果しか期待できない。**客が遠慮したために、そのような結果になったのでは、招待した側としては、まったく不本意である。

招待した側は、思っていた予算をオーバーする結果になっても、客が十二分に楽しんでいるのを見れば、報われたと感じる。**不必要な遠慮は人の好意を無にしてしまう。**

20

「祝辞のルール」は、たったひとつ

マスコミ関係の人が第一線から退《しりぞ》くときに、記念パーティーをした。有名人の顔も多く見られた。見たことがある顔なのだが、どこで会ったのか思い出せないということがある。

あとからよく考えてみると、会ったことがある人ではなく、よくテレビで見る人であったりする。特に酒の酔いが回ったりすると、そういう経験を多くするが、そのようなパーティーのひとつであった。

何人かの人たちが、ステージに上がって祝辞を述べたが、そのほとんどは芸能人で、話はおもしろかった。通り一遍の堅苦しいあいさつではなく、その日の主人公に関するエピソードを交えて、感謝の意を表明するものであった。

酒を飲んだり、談笑したりの、合間を縫っての祝辞であったが、その祝辞の最中は、皆それぞれの話をやめて、ステージの上の人の話に耳を傾けていた。

自分がわがままであったり、失敗をしたりしたときに、助けてもらったり、適切な処置を取ってもらったりした、と言って、パーティーの主をほめるので、聞いていても気持ちがよい。自分のマイナス面をさらけ出して話をする謙虚な姿勢に、話している人の格も上がる。

「主役をもり立てる」のが第一義

そのあと、パーティーの最後に、遅れてやってきた芸能人がステージに上がった。「自分が司会をしているテレビ番組の録画取りのために、来るのが遅れた」と言ったまではよいのだが、それからあとも、そのテレビ番組の話ばかりだ。

視聴率も高いと言われていた番組なので、得意になって話している。それに反発を感じた人が、大きな声で野次《やじ》を飛ばした。すると、お互いによく知っている人同士らしく、ステージ上の人が相手を名指しで非難しはじめた。ステージ上とフロアとの間で、激しい舌戦である。

しかし、野次を飛ばした人が、言い争いに適切な場でないと悟ったらしく、すぐに矛《ほこ》を収めたので、座もちょっとしらけた程度で収まった。

彼は、自分の人気番組に関する裏話をして、出席者に対するサービスをしたつもりだったのかもしれない。しかし、**「パーティーの主役」**は彼ではない。その点をまったく忘れた話であったので、会場に興ざめの雰囲気が広がったのである。

祝辞に紛《まぎ》れさせて、自分の自慢になることを言ってはならない。皆を不愉快にするだけである。

その日の主役を祝福するための言葉を述べるのであって、その言葉を強調したり印象づけたりするためにのみ、周辺的なことを言うのが許される。自分の宣伝になるようなことを言うのは、一切許されない。

相手の長所をほめたたえるのはよいが、あまり饒舌《じょうぜつ》になると、紋切り型の印象を与えてしまう。

それよりも、親しい人の場合であれば、「よかったね」とか、感極まった「おめでとう」とかの一言が、相手のみならず、人々の心にも深い印象を与える。

21 この「心得」があるかないかが一目瞭然

パーティーやレセプションと言えば、最近は立食スタイルが普通である。着席スタイルに比べると、より多くの人々が一堂に会することができるなど、さまざまな利点がある。

また、自分勝手にあちこちと動きまわることができるので、多くの人々とのコミュニケーションを図ることができる。開宴の時間に多少遅れていったり、早く退席したりしても、目立たない。

食べ物についても、自分の好きなものを選んで食べることができるし、欲しくなければ食べなくてもよい。話に熱中していれば、足の疲れも忘れてしまう。

酒の好きな人は、自分のペースで飲むことができるので、楽しい時間を過ごすことができる。人と話をするのが好きな人は、次々と話し相手を見つけて、しゃべりまくることもできる。人と話をするのが苦手な人は、主催者にあいさつをしただけで、早々に退散してもよい。

「和やかな時間」を過ごすためのエチケット

要するに、立食スタイルの場合は、いろいろなことがかなり自分勝手にできるようになっている。それだけに、自分の都合ばかり考えないように、常に注意を怠《おこた》ってはならない。

知っている人とばかり話して、その人を独占してはいけない。その人も、ほかの人たちと話したいと思っているかもしれない。**適当なときに話を切り上げるのも必要**である。ほかの人たちに対するエチケットでもある。

知らない人に話しかけるときは、当然のことながら、自分が名乗ってからにする。

武士が戦場で戦いを挑むときは、敵に向かって、自分の家系や名前を大声で告げてからにした。それは、人とかかわり合うときの最低限の作法である。

現代においては、家系を告げるのは時代錯誤《さくご》であるが、その代わりに、**パーティーやレセプションの趣旨《しゅし》に沿って、主催者と自分の関係や職業などの情報を与える**のが礼にかなっている。

最初の話題は、パーティーやレセプションの目的や主催者に限定するほうがよい。最初から、独特の持論をとうとうとまくしたてたのでは、相手は辟易《へきえき》してしまう。相反する利害関係のある人であったら、間違いなく気分を害したり、憤慨したりする。論争に発展する可能性のある話題は、持ち出さないほうが無難だ。

パーティーの目的は、皆で楽しい時間を過ごすことであるから、それに反するようなことをしてはならない。

22 「今日は行けないんだけれど……」の伝え方

ホテルの宴会場などで、レセプションやパーティーなどが、日常茶飯事のように催されている。仕事上であれ個人的なものであれ、つきあいの広い人は、さまざまな会に頻繁に招かれている。したがって、招待状が送られてきても、それほど深くも考えないで、出欠の返事をする。

招待状を受け取ったら、できるだけ早く出欠の返事を出す。

主催者としては、料理の準備やリストの作成のために、参加者の人数や名前を早く知りたいので、その配慮をうれしく思う。

また、折り返し出席の返事をもらえば、出席したいという気持ちも伝わってくるので、主催者の気持ちも弾《はず》んでくる。

レセプションの目的によっては、自分のスケジュールを変更してまで出席する必要はない場合もある。しかし、忘れてはならないのは、招く側としては、当然のことながら、出席してもらいたいと思って招待状を送っている点である。その主催者の意思に対しては、真摯《しんし》に応えなくてはならない。

こんな対応が相手に「さわやかな印象」を残す

出席すると返事をしたにもかかわらず、緊急の事態で、出席できなくなったようなときは、電話などで、できるだけ早くその旨を連絡する。「おおぜいの人が集まる会だから」と、放置してはいけない。**主催者に対する大切な配慮**である。

また、当日になってから、しかも寸前になってから、急遽《きゅうきょ》出席できなくなる場合もある。

「主催者が切に出席を希望している人」になっているときは、もちろん、すぐ連絡を入れなくてはならない。

しかし、おおぜいの招待客の末席に連なるひとりであるのが明らかなときは、会場に電話を入れたりするのも、忙しい最中で逆に迷惑になるときもある。

その点に関しては、招待客が名札をつけるレセプションであるかどうかが、連絡すべきかどうかの判断基準になる。

いずれの場合でも、遅くとも翌日には、出席できなかった理由を簡潔に書いた詫《わ》び状を出しておく。相手が正式に招待状を送ってくれているのであるから、その形式にしたがって、書状を出すのが礼儀である。

たくさんの人を招くレセプションに急に出席できなくなったことに、わざわざ詫び状を書く人はあまりいない。その礼儀正しさに、相手はさわやかな印象を受け、その配慮に対して心から感謝するはずだ。レセプションを重視していた気持ちが伝わる。

4章

いい「人間関係」のつくり方

……互いが「主役」になれる、ちょっとしたコツ

23

人が得意になっているときは「笑う人」に徹する

人が話をしているときに、話の先を推測して言って、話の腰を折る人がいる。

たとえば、「先日新幹線に乗って、自分の座席番号のところに座ろうと思ったら、ほかの人が座っている。ところが、その人の切符を見ても同じ番号なのだ」と、そこまで言ったところで、「列車番号が違っていたのだ」などと、口をはさむたぐいである。

その推測が当たっていれば、当てた本人は得意かもしれないが、口出しをされたほうは、話をおもしろおかしくして人の笑いを誘おうと思っていた楽しみを横取りされた結果になる。

「はじめは二重発行かと思った」というくだりも入れようと思っていたのに、話をする気をそがれてしまう。

口をはさんだ人の推測が当たっていなくても、話し手が意図していた話の流れが変わる。「列車番号を確かめても同じなので、車掌に見てもらったところ、日付が違っていた」というオチの重みが減る。

口をはさんだ人には、自分の才覚を誇示しようとする様子が感じられるので、話している本人は抵抗を感じる。話を聞いている人が複数のときには、ほかの人も不快な思いをする。

「話の先取り」はマナー違反

たとえ、自分がすでにオチを知っている話の場合でも——知っていたらなおさらのことだが——**話の先取りをしてはいけない。**黙って聞いているか、「それでどうなったの」と言って、話の先を促《うなが》すかのどちらかである。

人が話をしているときに、口出しをして邪魔をすることだけでもマナー違反だ。それに加えて、話のオチまで取り上げようとすれば、相手の不興《ふきょう》を買うのは間違いない。

人がおもしろそうな話をしようとするときは、「独演会」だと思って耳を傾ける。下手な野次を入れてもいけないし、オチをすっぱ抜くのはもってのほかである。最後まで聞いてから、おもしろがるのだ。

相手は「おもしろがらせよう」と思っているのであるから、話し手の気持ちに従っておもしろがるのが、その人を喜ばせる道である。

話している人が主役である。自分の賢《さか》しさを見せようとして、脇役に突き落とすことは許されない。主役がさらに映《は》えるように、何か自分にできることはないか、と考えていく。

合《あい》の手を入れるにしても、話し手の調子が上がるように、上手にしなくてはならない。途中で口をはさむとしたら、**タイミングのよいところで疑問をさしはさんで、**

話を盛り上げることだ。

新幹線の切符の話であれば、「日付が違っていた」と言ったとき、間髪を入れず、「どちらの切符が間違っていたのか」とでも聞く。

疑問形だから、話の大筋を切断することはないし、緊張感が盛り上がったときに、話し手が「間違っていたのは私のほうだった」と言えば、笑いの場となるはずだ。

24

「今だから話せるが……」で、その場をワッと盛り上げる

社会人になってまもなく開かれる同窓会には、出席者は比較的少ない。皆に会いたいと思う気持ちはあるが、仕事の世界で懸命に生きていこうとしているので、時間的にも精神的にも余裕がない。仕事に関連することを優先させているからだ。

また、同級生の中でも、親友たちとはかなり頻繁に会っているので、ほかの級友たちとは会う必要を感じていない、というのももう一つの理由である。

しかし、学校を出てからの年月が経過するにつれて、同窓会が開かれる頻度も高くなり、出席率もよくなる。

自分の社会における位置が少しずつ固まってくるので、将来も見えてくる。将来の見通しが明るいときは、張り切りながらも余裕が出てくる。前途が暗いと思われるときは、なんとなく諦《あきら》めの気持ちになっている。いずれにしても落ち着いてくるので、級友たちのことも気になってくる。

学校を出るときは、成績のよし悪しがあったとしても、それほどの差ではない。似たり寄ったりの能力である。しかし、実社会に出て年月を経ると、かなりの差が生じてくる。

まったく異なった分野に進むと、正確には当人同士の比較はできないものの、分野によって社会的通念による格の上下が決まってくる。企業にいる者であれば、その役職によって、社会的地位の上下も判定できる。

しかし、同窓会では、そのような要素は完全に無視する。同窓会では皆、完全に平等であって、席次などというものはない。社会的地位の高い者を特別扱いするのは、同窓会の趣旨に反する。

自分から「笑いの種」になれる人

同窓会は、一緒に勉強したり、遊んだりした者たちが、一堂に会して昔を懐《なつ》かしく思う場である。したがって、まず第一の焦点は、「昔」に当てなくてはならない。昔のおもしろかった話や楽しかった思い出を話し合う。自分の失敗談などを話せば、級友たちの笑いを誘い、皆の心は一気に学校時代へとさかのぼっていく。

「今だから話せるが」という裏話のたぐいは、皆の興味をそそり、大きな盛り上がりが期待できる。

たとえば、中学校のときに風邪をひいて二日休んだことがあったが、実は村祭りで調子に乗って酒を飲んで、二日酔い、いや、三日酔いであったのだ、などという話は、皆の興味をひく。

また、社会人になってからの失敗談も、特に異なった分野にいる人たちにとっては、興味津々たるものがある。

「自分の失敗を話して、皆の笑いの種になるのは嫌だ」、と思う人がいるかもしれないが、実際には、皆を喜ばせて、一躍人気者になっているのだ。

人から聞かれないかぎりは、現在していることについて、自分からは話さないのが賢明だ。**聞かれて話すときも、自分が内心得意に思っていることについては、できるだけ話さない**ようにする。人によっては、事実を話しているだけでも、自慢話をしていると感じる人がいる。

同窓会では現在の情報交換をするのも必要であるが、それは個々の場でしたほうがよい。

25 相手の「真意」を汲み取った受け答えを

友人が家族の悪口を言ったりするとき、それに対する対応は、慎重を要する。

たとえば、「うちの娘は金食い虫のようだ。高い月謝の学校に通っているうえに、ブランド物を次々に買って身につけている」と言うとき、言葉どおりに娘を非難していると解釈してはいけない。

心の中では、自分にある程度の稼ぎがあって、娘にぜいたくをさせることができること、娘が私立の名門校に通っていることを、自慢したい気持ちがある。

そのような気持ちを察して、**自慢に思っている点を指摘したうえで、羨ましがって見せる**のがよい。

相手の尻馬に乗って、「最近の女の子は小さいときからブランド物あさりをして、どうしようもない」などと言ったのでは、相手の機嫌を損《そこ》なうのは間違いない。

もちろん、友人が自分の娘の買い物に対して、不満を抱いているのは事実であるが、結局は娘の言いなりに買ってやっているのだから、それを非難したら、友人の親馬鹿ぶりを非難する結果にもなる。

相手の表現の中にある真意を汲《く》み取って、その点に焦点を合わせて受け答えをする必要がある。

曖昧に「言葉を濁しておく」ほうがよいとき

また、自分の兄弟に対する嫌悪をむき出しにして、悪口を言うこともある。「とても因業《いんごう》なやり方ばかりする。親の財産はできるだけ取り込もうとするが、親の面倒はまったく見ようとはしないで、人に押しつけようとする」などと言う。

親に財産がある点を自慢したい気があるのかもしれないが、この場合は、だいたいは考えているとおりを表現している。

このようなときは、**「それは困ったことだね」**と、友人に同情するようなかたちで、意見を言うにとどめたほうがよい。

「ひどい兄弟だ」と、非難するような言い方をしたり、「ひどい兄弟でしょう」と言う問いかけに対して、「そうだね」と言ってうなずいたりするのも、避けたほうが賢明だ。

一般的に、相手が言うことに対して同意の意を示したときは、あたかもはじめから自分が言ったかのように、あとから言われても仕方がない。軽い気持ちでうなずいたりするのは危険である。はっきりと否定できるときは否定し、判断がつかないときは、曖昧《あいまい》な返事をして言葉を濁しておいたほうがよい。

自分が身内を非難するのは許されても、他人が身内を悪く言えば気分はよくない。「血は水よりも濃し」で、いざとなると身内をかばおうとする心理も働く。他人の身内の悪口を言うべきではない。

また、身内同士でいがみ合っていても、時間の経過と共に事情が変化して元のさやに収まるかもしれない。

夫婦げんかなどは、その最たるものだ。夫婦の一方が他方について悪口雑言《あっこうぞうごん》を並べ立てても、絶対に同調してはならない。

「よい奥さんではないか」などと一般的なコメントを言うくらいにしておくべきである。

26 相談されたとき、その信頼を確実にする話術

一身上の重大事について「相談に乗ってくれ」と言われたときは、相当に信頼されている証拠であるから、それに応えるべく慎重に対処しなくてはならない。

現在つきあっている人と結婚すべきかどうかについて悩んでいる場合もあれば、真剣に離婚を考えはじめている場合もある。

また、会社を辞めるべきかどうか決めかねていたり、マンションの購入について選択基準のどれがよいかがわからなかったりして、意見が聞きたいと思っているときもある。

そういうときは、**まず、相手の言うところを最後の最後まで聞くこと**である。中

途半端に聞いた時点で、感想を言ったり、意見を述べたりしてはならない。自分の経験や知識に照らし合わせて、そこで言っておきたいと思うことがあっても、それは最後まで黙っておく。

相手の知っている事実や、考えていることのすべてを、聞き出すのが先決である。相手の目を見据《みす》えたまま、できるだけ相手に話をさせる。相手が頭の整理をしながら話ができるように、ときどき合の手を入れる程度である。

「大変だね」とか「難しいよね」とか「嫌になるよね」とか、相手の言葉尻をとらえて言うだけにとどめるのだ。

相手は「自分なりの方針、結論」を持っている

話がとぎれた場合でも、「それで」と言って、相手が話をするように促す。相手が同意を求めるようなときには、「そうだね」など、同調する言葉にする。「そうかなあ」などと疑問を呈する言葉は避ける。

話を聞いているときは、批判的な態度を取らないようにする。ましてや、非難するようなことは、一切言ってはならない。

最初から、自分の「味方」であると思っているから相談しているのである。途中で「敵」に回るようなニュアンスが出てきたら、警戒して、自分に都合が悪かったり不利になったりする可能性のあることは話さないかもしれない。そうなると、結果的に正しい判断ができなくなる。

最後まで話に耳を傾けてもらったら、相手は、「相談に乗ってくれてありがとう。いろいろと貴重な助言をしてもらったので参考になる」などと言うことも稀《まれ》ではない。一言も助言らしき発言をしなくても、である。

相手は、「どうしたらよいかわからない」と言うが、心の中では、一応の方針ないしは結論を持っている。

自分のことであるから、自分なりに真剣に考えて、分析なども終わっているのである。それを**信頼する人に聞いてもらって、自分の考えが正しいことを確認したい**

のだ。

はっきりした考え方を持っていないときは、重大な問題である点には変わりなくても、どちらへ転んでもよい、と思っている。

したがって、誰かほかの人に決めてもらいたいと思っている。占い師でもよいし、親友でもよい。合理的な理由に基づかなくてよいから、とにかく決めてほしいと思っているのである。

27 「鼻高々で話す人」への、いいアプローチ

アメリカで働いていたころ、新たに赴任してきた日本人の同僚の奥さんが、あいさつのためにお嬢さんを連れて事務所を訪ねてきた。アメリカ生活の先輩として、アメリカの事情や、アメリカと日本の違いなどについて説明をした。まだ海外で働く日本人が少なかった時代であるから、生活習慣の違いや社会的ルールについて書かれた本もあまりなかった。最初のうちは、奥さんもお嬢さんも、私の話に熱心に耳を傾けていた。

そのうち、学齢前のお嬢さんが退屈してきた。そこで、そのお嬢さんに話しかけて、近所の友だちができたかどうか、などと質問を投げかけていた。そのうち、奥

さんが、「この子は近所の人に、人形のようにかわいらしいと言われたんですよ」という話をした。

うっかり「余計なこと」を口走らないために

そこで、私はとんでもない間違いをしてしまった。

「アメリカ人にとっては、日本人の女の子は、みんな人形のように見えるのだ」と、言ってしまったのである。

日本人にとっては、青い目をした金髪の小さな女の子が、かわいらしい西洋人形のように見えるのと同じで、黒髪で目が細くて平面的な顔は、アメリカ人にとっては珍しく、日本人形と同じようにかわいく見えるのだ、と得意になって解説してみせたのである。

奥さんが、不機嫌な顔になって黙り込んだのは当然である。気がついたときは、時すでに遅しである。

それまで、アメリカと日本の相違について説明していたので、また事務所内の一室にいたので、つい解説口調になっていた。うっかりして余計なことを言ってしまったのである。

自分の娘がかわいいと言われたと喜んでいるのに、「珍しいのでかわいらしく見えただけなのだ」と否定されたら、不機嫌になるのは当然である。

相手は「相づち」を打ってもらいたいだけ

相手が、自分の身内について自慢しているときは、たとえ、的はずれであったり間違っていると思ったりしても、感心してみせるべきである。

相手としては、コメントを要求しているのではなく、ただ単に自分が喜んでいる点を表明して、**相づちを打ってもらいたいだけ**だ。

真実を追究しても、何の意味もない。多少苦々しく思うことがあっても、つきあいだと思って我慢する。

自分も自慢めいたことを言って、得意になっていることはある。非常に親しい友人の間であれば、本気で自慢しているときは、それを指摘して注意を喚起《かんき》するのが親切だ。

自慢をするときは、それよりも上を目指そうとする意欲がないときである。過去と現在の自分に満足しているので、進歩は望めない状態である。相手が親友のときは、その点を気づかせなくてはならない。

28

「心密かに自慢したい話題」も自分からは持ち出さない

昔は栄耀栄華《えいようえいが》の中で生活していた人だ。礼儀正しく、いろいろと気くばりもできる人であるが、いつも人から疎《うと》まれている。

非常に悪い癖がひとつあるからだ。新しいグループの人たちに紹介されたとき、まず、昔の話をしはじめるのである。

庭がいくつもある大きな屋敷に住んで、何ひとつ不自由のない生活をしていたことについて、こまごまと具体的な話をする。

自家用車はまだ非常に稀《まれ》なころであったが、学校の行き帰りに運転手に送り迎えをしてもらったこと、父親が有名な大企業の創立者であることなど、延々と自慢話が続くのである。

自分から自慢たらしく話すから、皆のひんしゅくを買う。自慢話を聞かされた人たちは、自分たちとは家柄の違う人である、と皮肉たっぷりに陰口をたたく。結局、昔がよくて現在はよくないと言っているのであるから、要は「没落」した身を嘆いているのだ、などと結論づけて、溜飲《りゅういん》を下げている。


話の内容自体はおもしろいのだ。華やかな昔を生きていた人の思い出話は、人々の興味をそそる。派手でぜいたくな話というのは、本能的には羨ましいと思う気持ちがあるので、聞きたいと思う。

自分もそのような境遇に置かれていれば……という願望が意識下にあるので、興味津々《しんしん》なのである。

ところが、人も羨む生活をしていた本人が、目の前でその話を自慢たらしくしたのでは、羨望は反感へと変わっていく。

「つつましやかな態度」は必ずよい印象をつくる

最初の出会いのときには、自慢話など絶対に自分からしてはいけない。そもそも、「自慢する」というのは、自分の誇るべき点を、人が知らなかったり、認めてくれなかったりするので、その点を人に押しつけようとする行為である。

相手にとってどんなによいことであっても、**「押しつけ」の要素があるときは、必ず人々の反感を買う。**

人も羨む話題を持っている人であれば、知っている人が必ずその話を持ち出してくれる。そのときになって、はやる気持ちをおさえながら話をしても遅くない。つつましやかな態度に徹すれば、必ずや人はよい印象を受ける。

心密かに自慢したいと思うことは、人に誇るべきことである。しかし、表現の仕方によって、人に嫌がられる結果になったり、人から敬意を表してもらうことになったりする。人に求められていないのに、自分から一方的に話すのは最悪の結果にしかならない。

自分の善行に関する場合も同じである。自分から公表したのでは、単なる売名行為であると決めつけられても仕方がない。隠しているうちに人の知るところとなり、仕方なく事実を認めるという風情《ふぜい》がよい。

自分が人に自慢したいと思うことは、言わないでいたほうがよい。

黙っていれば価値があるが、自ら人に言ったら、マイナスの価値になってしまうからである。

29

「手軽」だからと「気軽に利用しない」心がけ

電子メールを利用すると、コミュニケーションが迅速《じんそく》かつ的確にできる。

面と向かって話をするのが、最も的確に意思の伝達ができる方法だが、それにはお互いの都合を繰り合わせたりしなくてはならないので、実現までに時間がかかる。電話で話をしようと思っても、相手がすぐ電話口に出ることができるとはかぎらない。

会ったり電話をしたりすることに比べて、電子メールであれば、自分が好きなときにメッセージを送っておける。相手は即座に受け取るが、自分の都合のよいときに開けて見ればよい。

それに、電話の場合は、話し方が悪いと誤解が生じる恐れもあるが、電子メールは、一応、「書く」という作業である。書いたものは、少なくともざっと見直す習慣が誰にでもある。ある程度は的確なメッセージになるチェック機能が、自動的に働くかたちになっている。

また、普通の手紙であれば、書いたものを投函《とうかん》したり、ファクス装置に入れたりしなくてはならないが、電子メールでは、メッセージを打ってひとつの操作をすれば、瞬時に発信される。

事務的な通信には、実に簡便で効率的な手段である。

メッセージは「優れた広告宣伝コピー」のように

それだけに、友人たちとの交信などプライベートな目的に利用するときは、さまざまな点に配慮しなくてはならない。

まず、**手軽であるからといって気軽に利用しないこと**、という大原則を忘れてはならない。

親しい友人の間であれば、お互いの日常生活のパターンもわかっている。相手がひまだと思えば、長い内容になっても構わない。ちょうど何時間もの長電話で「おしゃべり」をするのと同じである。


しかし、忙しく働いている人や、忙しいかひまかよくわからない人に対しては、よく考えたうえで、必要なもの以外は送らないようにしなくてはならない。

知っている人からの電子メールであれば、相手も無視はできない。送られてきたダイレクトメールのように、中を見もしないで捨てるわけにはいかない。一応は目を通してみるのが礼儀だ。

したがって、簡単にできるからといって、むやみやたらに「ばらまい」てはいけない。**相手の迷惑にならないように配慮して、不必要な電子メールは送らない**ようにする。

特に、宛名をつけ加えるだけで、何人もの友人に対して同じメッセージを送れるので、つい送る必要がない人にまで送る結果になる恐れがある。

また、「おしゃべり」の電子メールは、受け取った人が迷惑する。すべてのコミュニケーションの鉄則である、**「簡潔」を旨《むね》**としなくてはならない。

長たらしい饒舌な電子メールは、どこにポイントがあるかわからない。

優れた広告宣伝コピーのような、簡潔で的を射ている電子メールを受け取ったときは、気持ちがよい。電報を作成するときの要領を頭に置いて文案を練るのもよいだろう。

30

「全国友人連絡週間」を設定してみる

遠く離れたところにいる友人とは、なかなか接触する機会がない。年に一回の年賀状のやりとりによって、辛うじて安否を知る程度である。

「一度くらい連絡してみようか」と思うこともあるが、単に思うだけであって、なかなか実行に移せない。

友人のいる地域のことが新聞ダネになっていたとか、勤めている企業についての目新しいニュースを聞いたとか、きっかけになるものがないと、電話一本もできないまま、ときが経過していくのが普通である。

おみこしを上げさせるためには、そのようなきっかけとなる状況をつくり出す必要がある。年賀状の場合も、年中行事のひとつとして確立されているので、目に見えぬ強制力が働き、何とか実行できるのである。

「ごぶさたの友人」と会うだけで、ほのぼの気分に

全国交通安全運動というのがある。交通規則を正しく守らせるために、街角のあちこちに交通係の警官が立って、規制や取り締まり、指導をする。普段は適当に守っていた交通規則も、厳格に守るようにと、運転者の意識を高めようとする。

この全国交通安全運動を見習って、自分自身の**「全国友人連絡週間」**を設定してみる。全国の津々浦々にいる自分の昔の友人と、連絡をとる週間である。

比較的ひまそうな週を選び、友人との連絡を最優先実行事項とする。帰宅して、酒を飲みながらテレビを見たりするひまが少しでもあれば、時間は十分にあるはずだ。

友人とのコミュニケーションには電話が最適であるが、相手が電話口に出ないときは、簡単にはがきか手紙を書いて投函する。ファクスや電子メールでもよい。久しぶりに連絡をもらった友人は、最初は驚くかもしれない。よいニュースか、悪いニュースかと思って緊張するが、単なる旧交を温めるためのコミュニケーションだと知ると、ほのぼのとした気分に包まれる。懐かしい気持ちが広がり、心が豊かになる。

何か悩みがあったり苦しんでいたりしたときであったら、自分のことを思ってくれる友人がいたのだ、と考え、おおいに勇気づけられる。情報交換をしてみると、お互いに助け合うことができる点を見いだすかもしれない。

新しい友人をつくるには、多大の時間とエネルギーを必要とするが、昔からの友人を「掘りおこす」のは簡単だ。心を許して話し合える貴重な友人を、宝の持ち腐れになるような状況に捨て置くのは、いかにももったいない。それには、まず「全国友人連絡週間（または週末）」の設定が先決問題である。

31 「正直」が最良の策になるとき、裏目に出るとき

急病で倒れて大手術をし、奇跡的に助かった友人がいる。私の家からはちょっと時間のかかるところにある自宅で、療養生活をしている。はじめは見舞いに行ったが、急に仕事が忙しくなり、週末もままならぬ状態が続いたので、足が遠のいていた。

とはいっても気になるので、奥さんに電話をして、どのような様子かと聞いた。そのときの電話の話し方がよくないと、横で聞いていた妻にたしなめられた。

「お見舞いに行かなくてはならないのですが、急に忙しくなったものですから……」と言っていたのである。

「行かなくてはならない」というのは義務である。世の中の義理から、仕方なく行かなくてはならないと思っている、と解釈されるかもしれない。

そうなると、相手方は「そんなに無理して来る必要はありません。あまり気にしないでください」という意味のことを言わざるをえない。

「焦りの気持ち」「言い訳」は口にしない

もちろん、私の心の中には、顔を見に行きたいと思う気持ちがある。

しかし、忙しくて時間の調整がつかない。

何とか都合をつけようと思う気持ちが、「都合をつけなくてはいけない」という気持ちへと変質していく。そこで、都合をつけて行かなくてはならない、という考え方が心の中に定着してしまう。

見舞いに行きたいという当初の気持ちを、そのまま表明したほうがよい。

「お見舞いに行きたいのですが」と言えば、相手側も率直に、「ありがとうございます」と言うことができる。

見舞いに行きたいという要望に沿って、「忙しくなくなったら、顔を見に来てやってください」と、見舞いの実現を目指した積極的な応答もできる。

自分の思いや願いが実現しないときは、実現を願う心が挫折するために、心の中に欲求不満が生じる。その解消ができない焦燥感《しょうそう》が強くなり、何とかしなくてはという義務感になる。

世間から押しつけられた義務感ではなく、自分が自分に課した義務感である。しかし、それをそのまま言葉に表わすと、誤解を生じる恐れがある。

人に言うときは、願望や意思というかたちで表現するべきだ。義務感は押しつけられたものだから、人の心に訴えるものが少ない。受動的な心の動きだから、どうしても弱い。その点において、願望や意思は能動的な心の動きであるから、力がある。

言い訳をしようとするときは、どうしても防御的な心理状態になりがちである。自分で自分を追い詰めた状態のままで口を開くので、誤解の可能性が生じる。自分の願望や意思は何であったかを探って、それを表明するのだ。

32 親しくなる「きっかけ」は自分でつくる

昔は近所づきあいが盛んであった。

現在のように核家族化が進み、主婦も忙しく立ち働いていると、近所の人と話をするひまもない。

都会の大規模なマンションに住んでいると、近所の人のこともまったく知らない。隣の人についてさえ、何をしているかわからない場合が多い。

人々のライフスタイルが画一的でないことも、このような傾向に拍車をかけている。隣の人と顔を合わせたこともないという例も、それほど珍しくはない。会ったときに、あいさつを交わす人たちのほうが例外的だ。

「群衆は最も孤独だ」と言われている。

人が大勢集まれば集まるほど、ひとりぼっちでさみしいと感じる。多くの人がいても、何かを目指して一緒にしようとする意識がなければ、お互いに仲間であるという感覚は生まれない。

群衆は単に群がっている人たちであるから、何の共通意識もない。しかも、相手がどんな人であるかわからないので、つきあいをしようとも思っていない。孤独である道理だ。

「おすそわけ」でつきあい攻勢をかけてみる

大都会の中で、隣り合って生活する人たちも同じだ。なんとなく警戒心を抱いているので、お互いに牽制《けんせい》し合って、近づこうとしない。話しはじめるきっかけがないのである。

したがって、近所に小火《ぼや》があったりして、夜中に起き出してきたときなどは、急

33 人にものをあげるとき——「好意」を最大限に伝える小道具

ものが欠乏していた時代には、どんなものでも、もらえば人は喜んでいた。買ったものであれ、人にもらったものであれ、いらなくなったものであれ、人がくれると言えば、喜んでもらっていた。

しかし、現在ではものがあふれている。ものをもらっても、それほどうれしくない時代になってしまった。

したがって、贈り物をするときは、何がよいか、頭を悩まさなくてはならない。相手のことを一所懸命に考えたうえで贈る。それでも、相手にとっては不要なものであったり、気に入らないものであったりする。

「自分は好きだけれど、お口に合うかどうか」

しかし、「何にしようか」と考えてくれたことは、品物を見れば推測できる。それに、わざわざ買ってきてくれた心遣いは、明らかである。誠意は伝わるのである。

しかし、人からもらったものを人にあげる「たらいまわし」はよくない。親しい友人と会ったり家を訪問したりするときに、もらいものを持っていく人がいる。「もらったもので、おいしいかどうかわからないけど」と言う。

自分が欲しくないものだから持ってきたことが明らかである。

それに、「おいしいかどうかわからない」と言うのは、「おいしくなくても自分の責任ではない」という意味もある。おいしくなかったとしても、極端に言えば、たとえ毒が入っていたとしても、責任は自分ではなく、自分にくれた人にある、というニュアンスもある。

おいしくない可能性があれば、友人にあげるべきではない。

自分が「おいしい」と自信を持って買ったものでも、**「自分は好きだけれど、あなたの口に合うかどうか」**などと言うくらいがよい。

まず、自分が欲しくないものは、人も欲しくないと考えるのが自然だ。すなわち、自分が欲しくないものは、人にあげてはいけない。

相手の好みなどについて熟知していて、あげれば相手が必ず喜ぶと確信している場合には、たらいまわしも許される。しかし、その場合でも、**受け取ってもらえるかどうかを、前もって聞くのが礼儀**だ。

そんなときでも、単なるたらいまわしは芸がなさすぎる。

何か**自分の「味」を付加**してみる。小さなものでよいから、自分が買ったもの、つくったものを、ひとつつけ加えるのだ。

たらいまわしの品についていく「お供」である。そのような心遣いが、相手の心を明るくしてくれる。

消費しないで捨てるのは悪の時代だ。自分がいらないものをたらいまわしをするのは、「捨てる」という面倒で金のかかる作業を、相手にさせる結果にもなる。

表向きは恩恵を与えるように見えても、実際には負担を課すことになる。よく考えてからにしなくてはならない。

5章

男が思わず喜ぶこと、女が思わず喜ぶこと

……この「とっておきのフレーズ」で絆が深まる

34
デートの誘い――「行きたいけれど行けない」ときの一言

前々から好意を寄せていた男性から、はじめてデートに誘われた。友人の催すパーティーに一緒に行ってくれないか、という誘いである。終始二人きりではないのが明らかなデートであり、徐々に仲良くなろうとする考え方に従えば、非常にオーソドックスなアプローチのされ方である。

ところが、運の悪いことに、その日は自分の親友たち数人と一緒に会って食事をする約束をしている。遠隔の地に住んでいる友人も久々に加わるというので、皆楽しみにしているし、レストランもすでに予約してある。デートの誘いのほうにひかれるものの、親友との約束をキャンセルはできない。

普通のデートの申し込みであれば、都合の悪い理由をきちんと言って、ほかの日にしてもらえばよい。しかし、彼にしても友人のパーティーであれば、その日を変えることはできない。それに、彼もパーティーへの出席には、なぜかわからないが、かなりこだわっている様子である。

自分が行かなければ、彼はほかの人を連れていくに違いないと思えば気になる。しかし、先約には優先権があり、その親友との会合の重要度も高い。

仕方なく、先約の説明をして、どうしても今回は応じることができない旨を言って断る。

「次の誘いを待っています」の伝え方

そのときに、**「近いうちに改めて誘ってくれる約束をしてください」**と言うのが重要なポイントの一つである。せっかくの「誘い」というチャンスを、無にしてはいけない。

改めて誘ってくれる約束も、そのまま手をこまぬいて待っているだけではいけない。手紙でも電子メールでもいいから、**次の誘いを待っている気持ち**を伝える。

最初の誘いを断られた男性としては、本当に先約があったのか、すぐにキャンセルできるような約束ではなかったのかなどと、いろいろ考える。自分とはつきあいたくないので断ったのではないか、と疑心を抱いているかもしれない。

そのような点を明確にするためにも、手紙を書いて**「誘いの要請」**をすることが必要である。電子メールでメッセージを送ってもよい。

さらに、その当日の親友との会合の様子について、簡単に報告したうえで、相手方のパーティーの首尾について聞くのも効果的だろう。

35

「さわやかなかたちで」好きという気持ちを届けるには

特定の異性がちょっと気になる――と思っていたら、徐々に好きだという気持ちに変わっている。

相手は自分のことをどのように思っているのかが気になるので、あれこれと観察する。しかし、相手のほうは、自分を含め、特定の人に強い関心を抱いているようには見えない。

同じグループの何人かは、特別な関心を寄せているようである。しかし、まだ誰も特別に親しい関係になってはいない。そうなると、早い者勝ちである。できるだけ早く自分の気持ちを伝えたほうがよい。

しかし、唐突にデートに誘ったり、手紙を書いたのでは、相手が尻込みする危険性がある。

まず、相手の注意をひいたうえで、大きな関心を寄せている点を伝えなくてはならない。自分が好意を持っているということが、きれいに、さわやかなかたちで相手に伝われば、相手も自分に対して関心を寄せるようになる。

「さわやかなかたちで」というのがポイントである。さわやかに伝わると、相手は抵抗を感じないので、すんなりと受け入れる。

「軽い一突き」は単刀直入に

さわやかというのは、「こっそり」ではなく、「堂々と」である。明快さがなくてはならない。

そのように考えていくと、最初の軽い一突きとしては、グループの皆がいる前で、単刀直入に、さっと「好き」という言葉を言うのが効果的だろう。たとえば、一緒に酒を飲んだり食事をしたりする機会があれば、そのときに「好き」という言葉を使う機会を見つけるのだ。

相手が何かしゃれたことを言ったら、間髪を入れず、「そのようなしゃれたことを言うから、好きなのだ」と言う。

相手が席を立つときのしぐさを見て、「立つときの格好がよいから、好きなのだ」と言ってもよい。

ビールを注いでもらったら、「ビールの注ぎ方がスマートだから、好きなのだ」と言ってもよい。

とにかく、**機会をとらえて「……だから、好き」という台詞《せりふ》を言う**のである。

もちろん、連発して言ったのでは、ふざけ半分であると解釈されて、逆効果になりかねない。皆が聞いている機会をうかがって、一回だけ言うのがポイントである。「好きという言葉が、図《はか》らずも口をついて出てしまった」という風情でなくてはいけない。

「さわやかに」言われた相手は、一瞬びっくりするが、そのように皆の前で自分の気持ちをストレートに表明した人に対して、好感を抱く。

心の中に、ほかの人たちとは差別化された、「特別な人」としての位置を占めるのは間違いない。

36 「お礼の気持ち」を目一杯表わす、こんなアイデア

遊びの上手な男性である。ファッションセンスもよく、レディーファーストのマナーも堂に入っている。ほかの人がすれば歯の浮くような言動も、彼がするとさまになる。

料理や酒についても深い知識があるので、一緒に食事に行けば、さまざまなことを教わる結果になる。機知に富んでいて、話し方も上手なので、一緒にいる人を退屈させることはない。したがって、デートのときは当然のことながら、終始一貫して巧みなリードをしていく。

待ち合わせの場所は一流ホテルのロビーかバーに決め、そこから食事に行く。だ

いたい、行きつけの高級レストランか料亭で、料理の選び方も洗練されている。店の人たちとはなじみであって、店の勝手もわかっているので、何ら臆《おく》することはない。デートの相手の気をそらすことなく、店の人たちとの会話も楽しむ。

「ユーモアに富んだ演出」は最高のプレゼント

しゃれた店でおいしい酒と料理を楽しみ、おもしろい話をしてもらい、愉快な気分になって、自宅まで送ってもらうデートの相手としては、何かお返しをしたいと思う。

「ネクタイでも」と思っても、その男性の趣味のよさを見ていると、下手に選んで口先だけで喜ばれても、嫌な思いをするだけだと思う。何かプレゼントをしようと思っても、「何でも持っている男」で、適当なものがない。

たまには自分に勘定を持たせてくれるように言っても、そのようなことを言うものではない、と軽くいなされる。せめてバーの勘定でも支払わせてくれと言えば、そのような格好の悪いことをしてもらっては困る、と言っていさめられる始末である。

ところが、その彼女が一計を案じてしたことに、彼は目を輝かせて喜んだ。

一流ホテルにあるフランス料理店に行ったときのことである。

席について料理を選んだあと、彼女は「ちょっと失礼」と言って席を立った（「どこへ行くのか」と聞くような野暮《やぼ》な彼ではない）。

食前酒を飲んで話をしているとき、突然彼女が、「今日は記念すべき日だからプレゼントがあるの」と言い、目をつぶってくれと言う。

目を開けると、目の前に極上のシャンパンがクーラーに入れて置いてある。彼女からのプレゼントであると言う。

席を立ったときに、密かに注文し、支払いもすませていたのだ。このようなしゃれたやり方に対して、喜ばない人はいない。

ふと我に帰った彼が、「ところで、何の記念日なの」と聞いた。

彼女の答えは、「今日は、二人で飲むお酒に対して、私が初めてお金を払った記念日」というものであった。

ウイットに富んだ演出と、ユーモアのある理由づけに、彼は完全に魅せられた。

37

「うれしいサプライズ」を準備する

大恋愛の末に結婚した二人は、最初のころは、お互いの誕生日を祝い、プレゼントを渡したりしていた。

そのうちに子供が生まれると、徐々に子供が中心になって、誕生祝いも子供だけになる。もちろん、お互いの誕生日や結婚記念日に、「おめでとう」ぐらいは言うが、それ以上のことは何もない。

ときには、恋愛中や新婚のころを思い出して、祝いの行事をしてみようと言い出しても、面倒くささが先に立って、その話も立ち消えになってしまう。

そんなときには、不意打ちパーティーを企画してみるとよい。本人には知らせないで、こっそり準備してびっくりさせるという趣向である。

「楽しさの全部」が一度にやってくる時間

親しくつきあっている大学時代からの友人がいる。

ある時、ヨーロッパ人である彼の奥さんから、彼の誕生パーティーをしたいので、協力してくれと頼まれた。自宅でこっそり用意して、大学時代の親しい同級生とその奥さんを招待したい、というのである。

最も難しい問題は、その日に彼が家に帰って夕食をとるようにすることである。彼の秘書の協力も得て、その時点では夜の約束もないことを確認した。私は招待する友人を選んで、その趣旨を説明し、彼の帰宅時間の三十分前までに絶対に来てくれるように依頼した。

しかし、それでも用意万端整ったというわけにはいかない。当日の夜、彼に急用ができたら、すべてが駄目になる。

彼を確保するためのひとつの方法として、私が彼と夕食の約束をしておいて、当日になってキャンセルする方法も考えた。結局は、秘書の情報などから、まずは間違いなく夕方に帰宅できる状況が確認できたので、そのようなテクニックは使う必要がなかった。

当日、奥さんを伴って集まった友人たちは、脱いだ自分の靴を隠して、居間に集まった。帰ってきた彼が居間に入ってきたとたん、隠れていた皆が口々に「おめでとう」と言う。

彼はびっくりして破顔一笑《はがんいっしょう》である。思いがけなく久しぶりの級友に囲まれ、それに奥さんたちも加わったので、彼もご満悦であった。

将来の楽しいことを期待して待つのも楽しい。待ち遠しいと思う時間を、少しずつ楽しんでいる。しかし、**不意打ちパーティーの場合は、まったく予想していないので、楽しさの全部が一度にやってくる。**

「楽しさ」の大きな塊《かたまり》が落ちてきたようなものである。

38

一日だけ殿様（女王陛下）にしてあげる

結婚生活が長くなるにつれて、恋人同士のときの恋愛感情は徐々に薄くなっていく。

安定してくるので、意識的に外の刺激を取り入れたり、変化をつくり出したりしないと、マンネリズムに陥ってしまう危険性も高くなる。お互いに独創性の発揮を心がけ、新鮮さを演出しようとする努力をする必要がある。

そうでないと、単なる惰性でしかない毎日の生活になる。二人の間にかたちづくられていた縫い目も、知らないうちにほどけていってしまう。

ときどき、遊びを取り入れてみる。

たとえば、休みの一日を**「女王陛下デー」**に指定する。その日は、妻が女王陛下として振舞い、夫はその女王陛下の臣下となる。臣下は、女王陛下の命令にしたがって、何でもしなくてはならない。

もちろん、女王陛下は炊事洗濯や掃除などの家事はなさらないので、すべて臣下の役目である。特別なケーキが欲しいとおっしゃれば、とんでいって買って来なくてはならない。映画が見たいとおっしゃれば、映画館にお連れする。

無聊《ぶりよう》をかこっている風情をお見受けしたときは、お慰《なぐさ》めするために、何かご機嫌を取るようなことをする必要がある。気に入っていただけるように、誠心誠意努めるのである。

「パートナーとの関係」をリフレッシュするいい機会

このような遊びをしてみると、夫婦として当然だと思っていた人間関係について、新しい要素を発見したり、別の角度からの見方を学んだりする。毎日の生活を見直す機会になる。普段の欲求不満の原因を垣間見《かいまみ》ることができるかもしれないし、相手や自分の本音を探り出すことができるかもしれない。

さらに、別の日を同様に**「殿様デー」**にしてみる。すると、普段からわがまま放題にしている点に気づくかもしれない。結局は、毎日がほとんど「殿様デー」になっているに等しいことを悟って、びっくりするかもしれない。すると、感謝の念が湧いてくる。

殿様デーの効果も大なのである。

39

「突然のプレゼント」は最高のプレゼント

誕生日、結婚記念日、クリスマスなどの記念すべき日に、祝福すべき相手に祝意を込めてプレゼントをする。ものがあふれている時代であるが、人からプレゼントをもらって、喜ばない人はいない。

プレゼントとしてもらった「もの」によって、物欲が満たされて喜ぶという面もある。しかし、それ以上に、そのプレゼントに託された相手の気持ちがうれしいのである。「おめでとう」と言われただけでも十分にうれしい。

誕生日であれば、その日を覚えてくれていた事実は、自分に対して並大抵ではない関心を抱いている証拠である。

それにプレゼントが加わると、関心の度合いが強いことを示す。また、口で言ってくれた言葉は、発せられると同時に空中に消えてしまうが、もらったものはそのまま手元に残る。見るたびに、相手の気持ちを思い起こすことができる。永続性があるのだ。

「期待」していないから、うれしさも倍増

記念すべき日に、「おめでとう」と言われてプレゼントをもらうのは、うれしいことであるが、半ば期待していることでもある。

相手がまったく予想していなかったときに、プレゼントをしたら、そのうれしさは倍増する。記念すべき日のプレゼントには形式的なニュアンスもあるが、**突然のプレゼントは「気持ちが一〇〇パーセント」詰まっている。**

したがって、プレゼントをしようと思った動機については、説明しなくてはならない。家族や親友など親しい間柄においては、相手が好きなものについても知って

いるし、普段から欲しがっていたものもわかっている。「たまたま見つけたから」とか、「欲しがっていたから」とか、そのまま率直に言えばよい。また、「急にいとおしくなったから」とか、「いつも変わらぬ友情に対して」とかが理由でもよい。

話をおもしろくするために、自分勝手に「特別記念日」を指定する方法もある。昔の手帳や日記などを繰《く》ってから、「何か記念になることはないか」と探してみる。たとえば、「引っ越しの日」や、「箱根旅行の日」など、いろいろな「記念すべき日」が見つかる。

クレジットカードの利用代金明細書を見れば、買い物をしたり食事をした記録が残っている。どこそこのレストランで食事をした日が特定でき、そのときの会話で覚えている点があったら、「相手がこう言った記念日」に指定するのである。

このように考えていけば、数多くの記念日が指定できる。したがって、相手が予想していないプレゼントをする理由にも事欠かない。

40

花は「愛情」を伝える何よりのメッセンジャー

花屋の宣伝文句に、「花とともに自分の気持ちを伝えましょう」というのがある。うれしいときであれ、悲しいときであれ、自分の気持ちを相手に伝えようとするとき、花を贈ることをすすめている。

宣伝文句に対しては反発を覚えることが多いが、この宣伝文句にはおおいに乗ってみるべきである。

特に、人を愛する気持ちを伝える「もの」としては、これ以上に効果的なものはない。

贈ろうとする相手のことを真摯に考えて、自分の知力を傾注して、そのときにふさわしいと思う花を選ぶ。何のための花なのかを説明すれば、花屋の人も助言をしてくれる。

添えるなら「短い言葉」を

自分が選んだ花には、自分の気持ちが託されている。言葉を添えるにしても、短い言葉がよい。

気持ちを花に伝えてもらおうとする以上、人間の言葉は必要ない。花が相手に語りかけてくれる。その持ち前の色と形、それににおいという資質を駆使して、贈った人の気持ちを相手に対して的確に伝える。

ただし、造花は花ではない。味気のない飾り物でしかない。花と見せかけが似ているだけに、花とまったく逆のメッセージを伝える。

造花は「偽者」のシンボルであり、その伝えるメッセージは「虚飾」である。人に造花を贈ることは、絶対にしてはならない。特に、「愛」に関する場には、絶対あってはならないものである。

花を贈ってもらって喜ばない人はいない。たとえ毛嫌いしている人から贈られた場合でも、その花の「顔」を見れば、気持ちが和む。嫌いだと思っていた人に対して抱いていたイメージに、ちょっとした変化が生じる。花をじっと眺めていると、イメージが徐々に美化されてくるのだ。

思いを寄せている人がいて、その思いを上手に訴えることができないときは、**花に恋のメッセンジャーの役目を務めてもらう**のだ。

花を贈る。花を贈って贈りまくる。人にうるさくつきまとわれるのは嫌であっても、花につきまとわれて嫌だと言う人は、あまりいないはずだ。

固く閉ざしている心に対しては、つぼみの花を贈る。花が開いていくエネルギーの放射によって、それを見る人の心が開いていくのを願うのだ。

41

愛情表現——心地よい一言が相手を釘づけにする

欧米の人たちは、恋人同士であれ夫婦であれ、ことあるごとに「アイ・ラブ・ユー」と言っている。若い恋人同士がお互いに「愛している」と言うのは、そのときの感情のほとばしりであって、極めて自然である。自分の愛を相手にぶつけて、それに対する相手の反応を見て、相手の愛も確認する。

旅先から家に電話をするようなときも、電話を切る前に、夫婦はお互いに名前を呼んだあとに、必ず言っている。

特に、老夫婦の場合には、何かことあるごとに、「アイ・ラブ・ユー」を繰り返している。

この点については、おおいに見習わなくてはならない。

二人きりで静かに移りゆく時間を楽しく過ごしているときには、わざわざ言葉で愛情の表現をしなくてもよい。二人きりでいるという事実そのものが愛情のある証拠であるし、ときどき交わす視線によっても、十分に愛情の確認ができる。

しかし、忙しく走りまわっているときには、そのように心と心を通わせる時間がない。言葉に出して確認する必要がある。

照れくさければ「私たち幸せだね」

仕事であれ家事であれ、型どおりの決まり切ったことが多くなり、それに追われるようになると、愛情に目が届かなくなる。

自分に対する愛情が相手にあるという前提を固く信じて、その相手の愛情の上にあぐらをかいて、日々の生活をするようになる。

自分の愛情は変わらないので、放置していても、相手の自分に対する愛情も変わらない、という錯覚をしているのである。したがって、自分がちょっと相手のことを思ったりしたときも、それは相手に通じていると確信する。夫婦だから以心伝心だ、というひとりよがりの自信がある。

愛情も、時の経過と共に古くなっていく。ものと同じである。最初にできたときの状態を保ち続けていくためには、きちんとした保守管理を怠ってはならない。常に点検をする。

愛情を点検する道具は、言葉である。「アイ・ラブ・ユー」が心から言えることを確かめて、自分の愛情を確認し、相手の反応が積極的であることを確かめて、相手の愛情を確認する。

日本語で「愛している」と言うのは照れくさいと思えば、**「私たち幸せだね」という、別の角度からの問いかけ**でもよい。

要するに、**常に二人の仲を言葉で確認し合う習慣をつける**のである。

42 相手が「内心得意になっていること」をほめる

多少ファッショナブルな衣服を着て、アクセサリーなどの組み合わせにも凝《こ》った身なりをしていると、色や組み合わせがよい、とほめられる。照れくさく感じるので、身につけているものよりも中身のほうをほめてほしい、などと冗談を言う。

しかし、一所懸命に考えて組み合わせた点に気がついて、それをほめてもらえると、やはりうれしく感じる。

自分が努力したことについては、誰でも認めてもらいたいし、できればほめてもらいたいと思っている。

それは、女性の場合であれ、男性の場合であれ、まったく差はない。男性よりも女性のほうが、ほめられるのに慣れているし、ほめられて素直に喜びを表現するだけである。

無頓着に見える人にも「こだわり」はある

昔は一時期、男は実力があればよいのであって、身なりや格好に構うべきではない、という考え方があった。そのような表面的なことに関心を持つのは女々しいことであって、男として恥ずべき性行《せいこう》である、というものである。

まだその名残があるので、身のまわりには関心を持たない「ふり」をしている男性たちがいるのだ。

身なりに無関心を装っている人でも、人の見ていないところでは、念を入れて髪に櫛《くし》を入れている。また、重要な会合の前には、鏡の前で自分の顔をしげしげと観察し、ネクタイをきちんと締め直している。

身なりに無頓着《むとんちゃく》に見える男性でも、その人なりに神経を使って、身なりを整えているのである。

よれよれに近いスーツを着ていても、アクセサリーの何かには神経を使っているかもしれない。筆記用具には凝っているかもしれない。高級品ではないが、時計は自分が非常に気に入っているものかもしれない。

「会話のはしばし」にも、にじみ出ていること

自分としては、人に誇るべきもの、または内心では得意になっているものがあるはずだ。

それが何であるかは、その人をよく観察していれば、すぐにわかる。会話のはしばしに、自分に興味があることに関する話が出てくる。それを覚えておき、そこに焦点を合わせて、相手を観察したうえで、ほめるのである。**自分が得意になっている点を指摘される**のだから、うれしく思う。

と同時に、ほめた相手が自分をポジティブに見てくれているのがわかるので、親

近感を覚える。

気になる異性に対しても、このように付随的な点から、少しずつほめていく。それに対する相手の反応の度合いによって、相手の自分に対する気持ちも、だいたいは推測できる。

反応が非常に積極的であれば、その相手の好意の度合いも高い証拠である。ほめても、うれしいという顔をしないときは、自分の観察と推測が的はずれであるか、相手がどちらかというと自分を好いていないかである。戦略を考え直すきっかけとなる。

6章

グッと親しくなれる「心のつかみ方」

……だから、あの人といると楽しくなる

43 オフタイムに「仕事の顔」を見せない人は魅力的

生計を立てていくためには、働かなくてはならない。働いているうちに、同じ「働く」のであれば、一所懸命に働くほうが、目的達成のためには効率がよいことがわかるので、仕事に真剣に取り組むようになる。

しかし、仕事の世界ばかりに頭を突っ込んでいたのでは、自分の世界に広がりもなければ、うるおいもない。

壁にぶつかったときにも、仕事一筋に生きていたら、八方ふさがりの状況に置かれた感じになって、逃げ道を見つけることもできない。

そこで、**心ある人は異質の世界を持っておきたいと考える。**そのひとつが趣味の世界だ。

合気道、剣道、香道《こうどう》、茶道、柔道、書道、華道など**「道」**のつくものや、奇術、弓術《きゆうじゆつ》、占星術、馬術など**「術」**のつくものである。

さらに、園芸、曲芸、手芸、陶芸など**「芸」**のつくものから、**「学」**のつくさまざまな学問の分野に至るまで、多くのことが趣味の対象になりうる。

「教えを請う」という清々しい時間

趣味の世界では、何かを習う。そこで教えてくれる先生は、絶対的な存在だ。たとえ自分の社会的地位が高くても、それはまったく通用しない。頭を低くして教えを「請《こ》う」姿勢を崩してはならない。

そこで出会う仲間の人たちに対しても同様だ。まさに「仲間」である。一緒に何かをする人たちであり、お互いに対等であって、上でもなければ下でもない。

特に、はじめて会うときは、自己紹介をするにしても、自分が得意なことなどを言って、人に自分の価値を認めさせようとしたり、人よりも優位な立場に立とうとしたりするべきではない。

ましてや、仕事の世界における自分の肩書きなどを言うのは、もってのほかである。

したがって、はじめて会うときは、**習いはじめようと思った動機や理由**を述べ、個人的なことに関しては、家族の構成ぐらいにとどめておくのが賢明だ。

仕事に関して聞かれても、できるだけ控え目に話す。同じようなビジネスの世界にいると思われる人がいても、決して名刺などを出してはいけない。どちらかというと、言葉を濁す程度に答えたほうがよい。

水戸黄門のように、自分の身分をまったく隠そうとするのは少し行きすぎであって、あとで嫌みになるので、しないほうがよいが。

44

相手の「心の中」を察することができる人

離れているところにいても、よく知っている人であれば、今ごろ何を思っているか、だいたいのところを推測できることもある。

知らない人であっても、目の前にいる人の場合は、どんなことを考えているか、当てることができるかもしれない。

よく知っている人が目の前にいるときは、心の中で思っていることを見抜くのも、それほど難しいことではない。

知っている人であれば、その人の思考パターンや行動様式についても知っている。目の前にいるのであるから、その表情やボディーランゲージも、つぶさに観察することができる。

その時点までの話の背景や事情もわかっている。そのようなさまざまな要素を重ね合わせると、心の中もある程度までは読める。

知らない人の場合でも、相手がしてもらいたいと思っていることを知るのは、比較的容易である。簡単な行為の場合、人は、ほかの人にしてもらいたいことをするものだ。

話しかけてくるときは、話しかけてもらいたいときである。ほほえみかけてくるときは、ほほえみ返してもらいたい。手を握ろうとするときは、手を握り返してもらいたい。酒を注ぐときは、自分にも注いでもらいたいときである。

「親切の押し売り」はしない

いずれにしても、自分の今までに蓄積してきた知識と経験を駆使しながら、相手を詳細に観察し、相手の身になって考えれば、何を考えているかはだいたいわかる。

まったく見当がつかないとしたら、相手に対する関心度が低いために、相手の観察に集中できないし、相手の身になって考えることもできないからである。

恋愛中のカップルは、お互いの気持ちがよくわかる。心を寄せ合って心をひとつにしようとしているから、当然である。相手が考えていることと自分が考えていることとが、渾然《こんぜん》一体となっている状態だ。

本人たちは「直感的」にわかると思っているが、実際には、常に相手のことを広く深く考えて、その気持ちを察しようとする努力を、片時も怠らないようにしているからである。

相手の心を読んで、相手が言ってほしいと思っていることを言い、してほしいと思っていることをする。すると、相手は間違いなく喜ぶ。

すなわち、自分がしたいことをしていたのでは、相手は喜ばない。

相手がしてもらいたいと思っていることをしなければ、単なる**「親切の押し売**

り」であって、相手にとっては迷惑である。

自分が酒が飲みたいからといって、飲めない相手に強要する場合などを考えてみれば、その点は明らかだ。

まず、人の心を読もうとする努力が必要だ。

45

にわか雨――誰かのために走り出すことのできる人

天気予報もかなり正確になってきたので、よく注意して聞いていれば、急に雨に降られて困ることは少なくなった。

しかし、夕方ごろから雨という予報だったので、午後の早い時間は大丈夫だと思って外に出たら、途中で雨が降りはじめたということはよく起こる。

茶道の教えに「利休七則《りきゅうしちそく》」というのがある。

その中の一つに、**「降らぬとも雨用意」**という教訓がある。

雨が降っていなくても、また降りそうではなくても、降ったときのために傘を用意しておくこと、という意味である。

もちろん、この教えは、雨の場合だけにはかぎらない。広く人生のあらゆる場において、思いがけないことが起こっても、それに対応できるように準備をしておく重要性を説いている。

この教えを文字どおり守って、常に傘を持ち歩くのは、行きすぎである。天気予報で雨の確率がゼロと言っているのに、傘を持ち歩くのは常軌《じょうき》を逸《いっ》している（最近は軽量で小さい折り畳み傘もあるので、鞄《かばん》の中に忍ばせておくこともできなくはないが）。

小さな感動、心に残る記憶

いずれにしても、外に出ているときに急に雨が降り出し、傘を持っていなかったために困った経験は誰にでもある。

時間的な余裕があって、通り雨であると判断するときは、適当に雨宿りをしていればよい。ビルや地下道伝いに移動できるときは、運がよい。

しかし、実際に仕事で出かけているときは、そのような時間的余裕はまったくない。したがって、タクシーを拾うのが、手っ取り早い方法である。

車寄せがあるビルの中にいて、そこに都合よくタクシーが入ってくるような幸運は、急な雨のときは、まず期待できない。雨の中を道路に飛び出していって、タクシーを探さなくてはならない。

上司と部下が一緒のときは、部下が自分が濡れるのもいとわず、タクシーを拾ってくるのが常識である。

しかしながら、部下が新調のスーツを着ている場合などは、部下もちょっとためらう。そんなとき、上司が「自分が拾うから」と言って雨の中に飛び出したら、部下は恐縮してしまう。上司の好意が率直な気持ちから出たのが明らかであれば、その好意に甘えたいとも思う。

友人同士が一緒にいるときでも同様だ。だいたいにおいて、いつも幹事役をして友人間のまとめをしている人が、率先してタクシーを拾おうとする。しかし、彼が明らかに新調のスーツを着ていたら、誰かが代役を買って出る。

それは小さな行為であるが、**人の立場を思いやったうえでの犠牲的行為**である。**人間的な助け合いの世界**である。

自分が嫌なことは、ほかの人にとっても嫌なことである。したがって、それを率先してすれば、その場にいるほかの人たちは、その親切な行為に感動する。

小さな感動であるが、心に残る記憶である。

46

「自分の苦しみ」「自分の悩み」を言える人、言われる人

仕事の場であれ家庭の場であれ、自分が苦しい思いをしているところは、友人に見せたくない。自分のマイナス面は、できるだけ人に見せたくないのが人情であるから、当然である。

友人とは意気揚々と、陽気に楽しい雰囲気の中で会いたい。

そこで、友人が会おうと誘ってきても、つい腰が重くなってくる。忙しいとか、その日はたまたまほかの会合があるとか言って、せっかくの誘いを断ってしまう。そのようなことが何度かあると、そのうちに友人も声をかけてくれなくなる。

友人が苦しんでいるのを知れば、何とか手助けができないか、と考えるのが普通である。自分が大きな犠牲を払うことまではしないが、自分のできる範囲内で何かできることはないか考える。

それに友人の前で体裁を飾っても、何の意味もない。開けっぱなしにするのが友人同士である。

困っているときほど、友人に会うべき

友人に具体的に助けてもらえなくてもよい。話を聞いてもらえるだけでも、多少は気が楽になる。第三者的な立場から、しかし、親身になって適切な助言をしてくれるかもしれない。**苦しいとき、困っているときほど、友人に会うべき**である。

しかし、窮状《きゆうじよう》を説明するだけであって、自分から「助けてくれ」と直接的に言ったりしてはならない。

たとえば、「金を貸してくれ」とか「在庫を買ってくれ」とか、友人が直接負担

になるような依頼をするべきではない。そうでないと、友人を遠ざけたり失ったりする結果になる危険性があるからだ。

苦しい事実を打ち明けられた友人としては、自分にできる範囲内で力になれることがあったらする、という姿勢でよい。

たとえば、金を貸してくれと言われたとすると、返してもらえなくてもよいと考える金額しか貸すべきではない。口には出さなくても、自分としては、貸すよりも贈与するつもりでいる必要がある。

苦境の友人を「上昇気流」に乗せられる人

金でも本でも同じであるが、貸すときは、返ってこなくても、と覚悟して貸したほうがよい。どうしても返してもらいたいものであったら、絶対に貸さないことである。

占有権が自分の手から離れたら、所有権を確保する手段はないものと悟るべきだ。

いずれにしても、友人を助けようと思うあまり、友人の苦しい状況の真っただ中に自分までも巻き込まれる結果になってはいけない。**友人の下降気流に巻き込まれることなく、友人を上昇気流に乗せる術を考えるの**である。

友人に同調するあまり、共倒れになるようなことがあってはならない。

苦境にある友人を、きちんと救い出すことができる見込みがあればよい。そうでなかったら、安易に中途半端な助けの手を差し伸べても、一時的に喜ばせるだけだ。将来に視点を置いたうえで、どこまで助けることができるかを考えるべきである。

47
ついてよいうそ、いけないうそ

真実を曲げることはできない。誰が何と言おうと、真実は真実である。

しかし、ときと場合によっては、真実を言わないでおいたり、ちょっと脚色したりしなくてはならない。**「うそも方便」**である。

ことを円滑に運ぶためには、うそを言う結果になることもある。

実際に、人間は誰でも、数え切れないほどの多くのうそをつきながら、毎日を暮らしている。

体の調子が悪いのに、「最高のコンディションだ」と言ったり、まだ疲れていないのに、「疲れた」と言ったり、あまり本気でする気もないのに、「一所懸命に頑張ります」と言ったりしている。

話をする相手によって、言い方を変えている。程度の差はあるが、正確に言うと、うそをついている結果になっている。

「だまっている」というはからい

本音と建て前という考え方に従うと、本音を言うと相手の人に対して悪いので、建て前というかたちを借りて、うそをついていると言うこともできる。そのように考えれば、うそを言うことによる良心の呵責《かしゃく》も、多少は和らぐ。

「うそも追従も世渡り」という考え方はよくないが、うそも人のためになるのであれば許される。

自分を利するためのうそは許されない。この点が、うそをついてよいか悪いかの判断をするときの基準のひとつだ。自分が得をしたり有利になったりするためのうそは、言ってはならない。

また、積極的にうそをつくときと、真実を述べないことによって、うそをつく結果になるときとがある。どちらも同罪であるが、前者よりも後者のほうが、良心の呵責は少なくてすむ。

「婉曲な言い方」でかわいがられる人

人には、その人なりの自尊心や体面があり、それを傷つけられると、憤慨《ふんがい》したり意気消沈したりする。真実を言うと、人の面子《めんつ》をつぶすようなときは、黙っているのが賢明だ。

たとえば、上司が間違ったことを、人前で言ったようなときである。そのままにしておいても、仕事上などで差し支えないときは、いちいち指摘する必要はない。指摘したりすれば、恥をかかされたと感じるかもしれない。そのときは黙っておいて、あとからこっそりと、その事実を告げるのである。

それも、「あとから考えてみると、あの点は間違っていたのではないかと思うのですが」などと、**あとから気がついたかのように言う。**

あの時点で間違いに気がついていたと言わないで、あとから気がついたと言うことによって、自分もぼんやりしていた点を示唆《しさ》する。

少しでも自分のほうが頭がよいという結果になることは、極力避ける。少しでも小賢《こざか》しい印象を与えるようなことはしないのである。

上司としても、そのような婉曲《えんきょく》な言い方をして、自分を立ててくれる部下の気持ちはよくわかる。それだけに、自分のできるかぎりは面倒を見ようという気になる。

ちょっとした気の使い方で、人に与える好感度は急上昇するのである。

48
人込みの中で――「ちょっとした気くばり」ができるか

朝の出勤ラッシュアワーには、事務所ビルにはひっきりなしに人が出入りする。自動ドアの場合は、開きっぱなしに近い状態である。回転ドアであれば、ドアはぐるぐると休まず回っている。

そこでは二通りの人たちが見られる。ドアのバーに手を当てている人は、回転のスピードを調整するかのように、スピードが遅くなっているときは軽く押し、速くなっているときは軽く引っ張り加減にしている。安全に適正なスピードで回るように、気を配っている。

一方の人たちは、まったく手を使っていない。回転ドアの中に上手に滑り込み、文字通り「無手勝流《むてかつりゅう》」よろしく、流れるように移動する。その自分勝手な様子を見て、もし後ろの人がいたずらっ気を起こして、バーを握ってドアの回転を急停止させたとしたら、その人たちは間違いなくガラスに頭をぶつけるだろう。

こんなところに現われる「利己的な性格」

手で押したり引いたりして開ける方式のドアの場合も、回転ドアの場合と同じように、無手勝流の人たちがいる。しかし、この場合は、自分勝手に見えるというだけではなく、明らかにほかの人に対して迷惑をかけている。

人の流れの先頭にいる人がドアを開けたら、そのあとに従う人たちは、ドアが閉まらないようにとドアを押さえて、次の人にバトンタッチをしていくのが普通である。

その中にあって、まったく自分の手を使わない人がいる。すると、ドアは閉まらないまでも、次の人は閉まろうとするドアを押し開くために、余計な力を出さなくてはならない。

このような小さなことにも協力しない人は、利己的な性格と言わざるをえない。

エレベーターの乗り降りの場合も同じだ。自分が先のときは、次の人が安全に乗れるように、ドアを押さえる。少なくとも、そのような**ゼスチュアをするだけでも、人の心を和ませる効果**はある。

もちろん、自分が中にいてドアの開閉ボタンの近くにいたら、「開」を押さえておく。また、自分が乗るまでに、ドアが閉まらないようにしてくれた人がいるときは、その人に対して軽いほほえみを向けて感謝を表明する。

「小さなほほえみ」を自分から広げていく

小さなことでも、人にしてもらってうれしかったときは、それに対して軽く感謝の気持ちを示しておくことが肝要だ。

人が喜んでくれたことがわかれば、同じことを引き続きして、また喜んでもらおうと考えるのが、人間の常だ。

手で開ける方式のドアを開けて入っていこうとするとき、向こう側から同じドアを通って出ようとしている人がいたら、開けてちょっと待ち、先に通してあげる。自分を後にしても、五秒か十秒くらい遅くなるだけである。

相手はその親切に喜ぶ。小さな親切であるから、すぐにお返しをする必要はない。あとから、ほかの人に「お返し」をするはずだ。

49 先を譲れる人、譲れない人

目的地に行くために狭い道が一本しかないとする。

誰が先に行くかを決めなくてはならない。

同じグループの人たちであれば、グループのルールに従えばよい。年齢順かもしれないし、地位が上の人からかもしれない。

しかし、グループが異なるときは競争になる。目的地が魅力的であればあるほど、激しい先陣争いになる可能性が高い。

そんなとき、忘れてはならないのは、皆「人間社会」という同じグループに属しているという事実である。人間社会には、お互いが安全に生きていくためのルールがある。そのルールを適用しなくてはならない。そのルールとは、「マナー」であり「エチケット」である。

人は利己的であるが、その利己的になることによって守っている自分を、安全に保つためには、利己的であることをやめなくてはならない。

「攻撃は最大の防御なり」

ということわざがあるが、これは戦争という最も「非」人間的行動や、ゲームの中でのみ通用する考え方である。

「どうぞお先に」と言える心の余裕

利己的になることは、ほかの人たちを「攻撃」する結果になる。

先陣争いは、利己的な考え方の表現である。利己的になって人を攻撃すれば、人も自己防衛のために攻撃してくる。利己的な行動に出なければ、自分も安全なはずである。

自分が先に行きたいと思ったときは、人も先に行きたいと思っている。そこで自分の欲をおさえてみる。

少しぐらい遅れて行っても、長い人生の中ではそれほどの差が生じるわけではない。

人生という一生の期間の中で、そんなに急いでどこに行こうとするのか。人生の最終の目的地は、「死」である。急ぐというのは、ある意味では「死」に向かって急いでいる結果にもなる。

余裕を持つことだ。

のんびりと構えて、道を譲ってみる。**「どうぞお先に」を口癖にする**のである。

先に行かせてもらっても、当然のごとくに構えている人もいる。そのような人は、まったく余裕のない、かわいそうな人である。責めたりしないで、温かく見守ってみる。

「どうぞお先に」と言われて気分のよかった人は、自分も「どうぞお先に」と言うようになる。次々と連鎖反応を起こしていく。

皆が「どうぞお先に」と言いはじめると、最後には誰も先に行かなくなって、渋滞が起きてしまうかもしれないが。

50 親友がどんどん増える、こんな理由

夕方になって雨が急に降り出したとき、事務所が入っているビルの前にあるタクシー乗り場で空車を待っていた。

その乗り場はタクシー乗り場の標識があるだけで屋根もないので、知らない人にはタクシー乗り場には見えない可能性もあった。

ちょうど交差点の近くで、直進してくる車だけではなく、左折車も右折車もやってくる位置にあったので、空車がやってくる確率はかなり高い。

しかし、交差点の角のところの車道側に立って、タクシーを拾おうとする人がいたら、必ず横取りされてしまう。

実際、私がタクシーを待っているのを知っていても、私のほうを横目で見たり、知らないふりをしたりして、その角のところに立ってタクシーを奪っていった人が二、三人いた。

それでも、私は辛抱強く待っていた。

最初は乗り場で待っていたのは私だけであったが、私を見て後ろに並びはじめた人も数人になった。

やっと空車が一台やって来たので、私が乗ろうと思ったら、横合いから一人の外国婦人がすっ飛んで来て、「私のタクシーだ」と言って乗ろうとした。

さすがに私も腹が立ったので、私に権利がある点を説明したが、私の話を聞き終わらないうちに、「空車のサインを見たのは私が先だから、私のタクシーだ」と言う。

開いた口がふさがらないとは、まさにこのようなときのためにある表現だと思った。このような訳《わけ》のわからないことを言う人と議論をしても無駄なので、私はそのまま引き下がった。

「相手の事情」も汲める心の広さがあるか

雨がさらに激しくなったので、なかなか空車が来なかった。しかし、何とかタクシーを確保して、目指す大使館にたどり着くことができた。レセプションの始まる時間には二十分くらい遅れていたが、それだけにすでに落ち着いた雰囲気になっていた。

グラスを片手に会場に入っていったとき、自分の目を疑った。タクシーを横取りした婦人が、大使夫妻と話をしているではないか。世の中は狭すぎると思った。私の顔を見た婦人も、人間違いであるのを祈るような表情をしたあと、恥ずかしそうに目を伏《ふ》せた。

知らないふりをしたほうがよいかと一瞬は考えたが、またどこで会うかもしれないと思ったので、機会を見つけて近づいて話しかけた。

「私は目が悪いので、先ほどは失礼しました」と言うと、「私は目だけではなく、頭にも支障をきたしていたようです」という返事が返ってきた。

急いでいたあまり、心にも余裕がなくなっていたようである。自国の大使館のパーティーだから、何とか間に合わせたかったのだ。

私のほうから**積極的に話しかけたので、相手も率直に非を認めることができ**、世間を狭くする結果にならなかった。

悪いことをした人にも、それなりの事情がある。心を大きくして近づいていってみるべきだ。

51 「ちょっとした試練」は絶好の話の種

辛《つら》い思いをしたことも、あとになって思い出せば懐かしく、楽しいと感じる場合が多い。すなわち、現在における「苦」も、考え方や演出の仕方によって、将来の「楽」にすることができる。

その苦自体は歓迎されないものであっても、その周辺に楽しいことがあったり、印象に残ることがあったりすれば、苦痛という強烈な感覚が媒体《ばいたい》となって、記憶に深く刻み込まれる。

外国からの賓客《ひんきゃく》に対して、茶道の紹介をする機会が多い。茶道のルールに従ってお茶をたて、そのお茶を客として飲んでもらう。その間に、茶道の歴史や考え方、それに日本人の生活との関わりを説明する。

外国の人、特に欧米の人にとって、畳の上に座るのは苦しい体験である。したがって、ときには椅子に座ってもらって、お茶を飲んでもらうこともある。しかし、畳の上でないと、本格的な茶道の雰囲気は伝わらない。

また、雑念を捨てる過程を経験してもらうためには、庭の中を歩いていき、蹲《つくばい》で手や口を清めてから茶室に入ってもらったほうがよい。

そうなると、草履《ぞうり》をはいて、飛び石の上を歩くのが、またひと苦労だ。足を上手に引きずっていかないと、草履は脱げてしまう。少しの距離でも、難行苦行であることに変わりない。

しかし、そのような**試練を経て帰るときは、皆にこやかな顔**である。足は痛かったし、歩くのは骨が折れたが、そのために、この素晴らしい体験は絶対に忘れることはない、と言って感謝される。

「やせ我慢の時間」が忘れられない思い出に

日常の生活の中でも、多少の冒険をしたり、ちょっと無理をしたりすれば、その時間を忘れられないものにすることができる。楽しい思い出をつくるのである。

たとえば、「暑い日になるはずだから」と、友人と屋外のビヤホールで待ち合わせをしたとする。

しかし、曇り空で風が強いので、ちょっと肌寒さを感じる。飲めば温かくなるだろうと思って飲むが、アルコールの効果もあまり出てこない。風が強いうえに夕方に近づいていくので、逆に寒くなる。

しかし、お互いに張り切っているので、このくらいの寒さで風邪を引く恐れはない。頑張ってみようと、やせ我慢をする。そのうちに、ますます風が強くなり、軽いつまみは吹っとんでしまう。

冷たいビールを飲みながら、寒さと風に対する戦いを続けるが、ついに場所を変えようということになる。暖かい場所に行き、ほっとした気持ちで飲む熱燗《あつかん》もおいしい。

生ビールを飲む経験は数多くあっても、このような雰囲気で飲んだ経験は、骨身に染みる寒さと強風のために、心の中に強いイメージを植えつける。あとから会って話をするたびに思い出すことの多い、**「話の種」**になっている。あとから、何度も楽しむことができるのである。

52 不愉快な謝り方、清々しい謝り方

人に謝るときは、頭を下げなくてはならない。それは「屈服」を意味するので、負けることであると考え、謝るのは何とか避けたいと思っている人は多い。

そこで、いろいろな理由を考えて、自分は悪くなかったことを立証しようとする。ほかにも悪いと思われる人がいたら、その人に罪をかぶせようとする。自分が悪かったことを、絶対に認めようとしない。

しかし、間違いが起こった経緯をたどり、分析をしたうえで、無理やりにこじつけて自分を正当化するのは、かなりのエネルギーを要することである。

それに、自分が間違ったことをしたという事実については、ほかの人は皆知っている。自分にもその点はわかっているので、周囲の人たちの非難するような目に自分がさらされているのも、十分に意識している。

それに耐えるためにも、無意識のうちに、かなり神経をすり減らしているはずである。

そのとき、心に誠意はあるか

もともと、**「詫《わ》びる」というのは、「侘《わ》びる」と同じ語源**である。

すなわち、「自分自身が苦しいまでに悲しく思ったり、辛く思ったりすること」だ。その心苦しさからのがれるために、悪かったと言って謝るのである。すなわち、**自分の苦痛から自分を解放して、自分を健康的な精神状態に戻すための行為**である。

自分が間違いを犯したら、自動的に「自分が悪かった」と認めて、すぐに謝る。

自分が悪いかどうかの詮索《せんさく》はする必要はないし、時間とエネルギーの無駄である。周囲の人は心密かに、「どんな謝り方をするだろうか」と考えながら、動静をうかがっている。

潔い謝り方は、人々に清々しい感じを与える。素直に謝られたら、素直に許さざるをえない。

もちろん、頭を下げて謝ればよい、というものではない。何らかの償《つぐな》いをしようとする気持ちが必要だ。

たとえば、自分の間違いのために仕事に遅れが生じたのであれば、残業とか休日出勤をして誠意を見せなくてはならない。

53
「心配しているよ」という気持ちを自然に伝えられる人

人から何かを依頼されたり、相談されたりしたとき、自分のできるかぎりのことはしてあげたいと思う。もちろん、相手によっては、自分が大きな犠牲を払わない範囲内においてであるが。自分を顧《かえり》みないで、人のために何かをするのは、バランスを欠いた行為である。

人から相談を受けたとき、相手の話をよく聞いて、助言をしたり、いろいろな段取りをつけてあげたりする。真剣に対応しているのである。

たとえば、仕事上のことであれ個人的なことであれ、行き詰まっているのでどうしたらよいか、という相談を受けたとする。自分なりの助言をしたうえで、行き詰まりを打破するために、より適切な手助けができる人を紹介する。

相手も十分に満足するだろう。自分としても、精一杯のことをしたと思っている。しかし、それで「一件落着」と考えてはいけない。

「乗りかかった船」を途中で降りない

同じ面倒をみるのであれば、最後まで面倒をみる。自分の手を離れたあとも、「あれからどうなったか、うまくいったか」と関心を持って、相手や紹介した人に聞いてみる。紹介した人が忙しくて、まだ会っていないかもしれない。

そんなときは、自分が電話一本するだけで、話が前に進んで行く。

その後の進行状況によっては、自分が直接に手伝えることがあるかもしれない。相手はこれ以上の迷惑はかけられないと思って、連絡をしてくるのを控えているかもしれない。

いずれにしても、その後の経過を聞くために、相談をしてきた人に電話をしてみるべきだ。それは、どうなったか気にしている、というメッセージであり、少なくとも、相手の精神的支えの一部にはなる。

いったん相談を受けた以上は、乗りかかった船である。

目的地へ到達するまでは、多少なりとも責任がある、と考えるべきである。

また、一応は片がついたと思っていても、**アフターサービスをする責任がある**、という心構えが必要だ。それは、その後の経過を聞く電話一本でよいのだ。

そのようなアフターサービスがないと、「相談しにいったにもかかわらず、単にほかの人にたらいまわしにされた」と感じるかもしれない。その話の決着がつくまで、関わりを持ち続けておく必要がある。

乗りかかった船から途中で下りたのでは、よい結果になっても、乗ったところから下りたところまでに対してしか感謝されない。

しかし、心配している、というだけの関与の仕方であっても、目的地まで一緒に乗っていれば、全行程に対して感謝される。
もし悪い結果になったら、「人を紹介してくれただけで、いわばたらいまわしをして、ほかには何もしてくれなかった」と言われるかもしれない。せっかく紹介の労をとっても、恨《うら》まれる結果になる可能性がある。

〈了〉

本書は、小社より刊行した『心を打つちょっとした気の使い方93』を、文庫収録にあたり再編集のうえ、改題したものです。

好《す》かれる人《ひと》のちょっとした気《き》の使《つか》い方《かた》

著者　山﨑武也（やまさき・たけや）
発行者　押鐘太陽
発行所　株式会社三笠書房
〒102-0072 東京都千代田区飯田橋3-3-1
電話　03-5226-5734（営業部）03-5226-5731（編集部）
https://www.mikasashobo.co.jp
印刷　誠宏印刷
製本　ナショナル製本

 ISBN978-4-8379-6927-3 C0130

王様文庫

眠れないほどおもしろい百人一首

板野博行

百花繚乱！　心ときめく和歌の世界へようこそ！　恋の喜び・切なさ、四季折々の美に触れる感動、別れの哀しみ、人生の儚さ、世の無常……わずか三十一文字に込められた、日本人の〝今も昔も変わらぬ心〟。王朝のロマン溢れる、ドラマチックな名歌を堪能！

眠れないほどおもしろい「日本の仏さま」

並木伸一郎

仏の世界は、摩訶不思議！　◆人はなぜ「秘仏」に惹かれるのか　◆霊能力がついてしまう「真言」とは？　◆なぜ菩薩は、如来と違ってオシャレなのか……etc.　空海、日蓮、役行者など仏教界のスター列伝から仏像の種類、真言まで、仏教が驚くほどわかるようになる本。

眠れないほど面白い空海の生涯

由良弥生

驚きと感動の物語！　「空海の人生に、なぜこんなにも惹かれるのか」――。弘法大師の野望と愛欲、多彩な才能。仏教と密教。そして神と仏。高野山開創に込めた願い。知れば知るほどすごい、1200年前の巨人の日常が甦る！　壮大なスケールで描く超大作。

K30513

王様文庫

ちょっとだけ・こっそり・素早く「言い返す」技術

ゆうきゆう

仕事でプライベートで――無神経な言動を繰り返すあの人、この人に「そのひと言」で、人間関係がみるみるラクになる！　＊たちまち形勢が逆転する「絶妙な切り返し術」　＊キツい攻撃も「巧みにかわす」テクニック……人づきあいにはこの〝賢さ〟が必要です！

心が「スーッ」と晴れる ほとけさまが伝えたかったこと

岡本一志

幸せな人は、幸せになる考え方を知っています。◎「縁がある」とはどういうことか　◎悩んだこと、迷ったことも、一つも無駄ではない　◎どんな〝過去〟があっても――けっして人を見捨てなかったお釈迦さま……この「お話」を一つ知るたび、心がやさしくなる。

つい、「気にしすぎ」てしまう人へ

水島広子

こころの健康クリニック院長が教える、モヤモヤをスッキリ手放すヒント。◎「他人の目」が気にならなくなるコツ　◎「相手は困っているだけ」と考える　◎「不安のメガネ」を外してみる……etc.　もっと気持ちよく、しなやかに生きるための本。

K30514